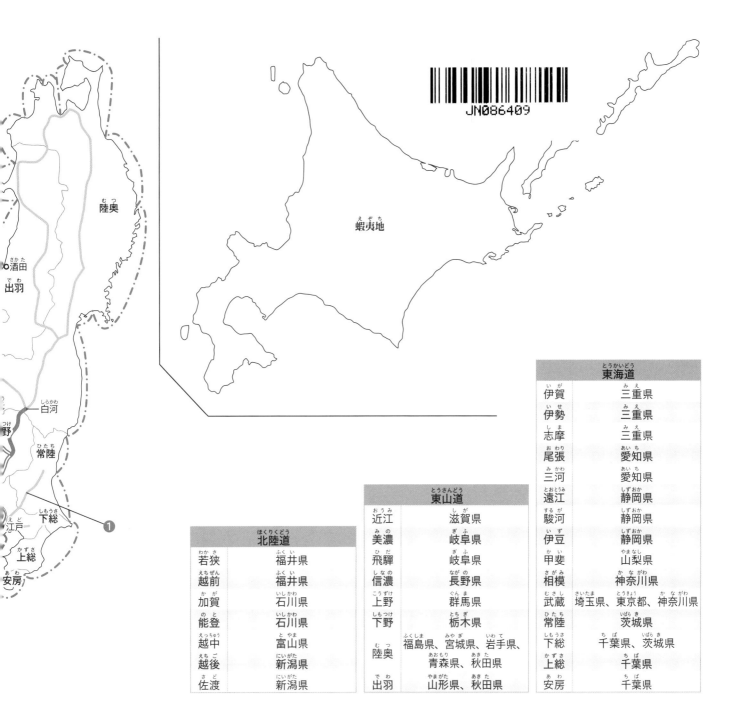

陸奥

蝦夷地

酒田
出羽

白河

常陸

下総
①

江戸
上総

安房

東海道

伊賀	三重県
伊勢	三重県
志摩	三重県
尾張	愛知県
三河	愛知県
遠江	静岡県
駿河	静岡県
伊豆	静岡県
甲斐	山梨県
相模	神奈川県
武蔵	埼玉県、東京都、神奈川県
常陸	茨城県
下総	千葉県、茨城県
上総	千葉県
安房	千葉県

東山道

近江	滋賀県
美濃	岐阜県
飛騨	岐阜県
信濃	長野県
上野	群馬県
下野	栃木県
陸奥	福島県、宮城県、岩手県、青森県、秋田県
出羽	山形県、秋田県

北陸道

若狭	福井県
越前	福井県
加賀	石川県
能登	石川県
越中	富山県
越後	新潟県
佐渡	新潟県

西海道

対馬	長崎県
壱岐	長崎県
筑前	福岡県
筑後	福岡県
豊前	福岡県、大分県
豊後	大分県
肥前	佐賀県、長崎県
肥後	熊本県
日向	宮崎県
大隅	鹿児島県
薩摩	鹿児島県

山陽道

播磨	兵庫県
美作	岡山県
備前	岡山県
備中	岡山県
備後	広島県
安芸	広島県
周防	山口県
長門	山口県

南海道

紀伊	和歌山県、三重県
淡路	兵庫県
阿波	徳島県
讃岐	香川県
伊予	愛媛県
土佐	高知県

山陰道

丹波	京都府、兵庫県
丹後	京都府
但馬	兵庫県
因幡	鳥取県
伯耆	鳥取県
出雲	島根県
石見	島根県
隠岐	島根県

江戸時代大百科

⟨5⟩

大百科

江戸時代の外交と貿易

監修：小酒井大悟 東京都江戸東京博物館 学芸員

ポプラ社

5 江戸時代大百科
江戸時代の外交と貿易

もくじ

第3章◆外国の接近と開国

出典

表紙

①月岡芳年 画「皇国一新見聞誌 浦賀亜船来航」メトロポリタン美術館 蔵

②「琉球人来朝之図」国立国会図書館 蔵

③「ストンボート」アムステルダム国立美術館 蔵

④歌川貞秀 画「肥前崎陽（玉浦風景之図）・（肥前崎陽）玉浦風景之図」国立国会図書館 蔵

⑤歌川貞秀 画「横浜異人商館写真之図」メトロポリタン美術館 蔵

⑥「大清貨舶」メトロポリタン美術館 蔵

⑦浅草庵作・葛飾北斎 画『画本東都遊』3 巻 国立国会図書館 蔵

⑧二代 歌川広重 画「諸国名所百景 對州海岸」メトロポリタン美術館 蔵

扉（上から）

「大清貨舶」メトロポリタン美術館 蔵

川原慶賀 画「唐蘭館絵巻、蘭館図のうち商品計量図」アムステルダム国立美術館 蔵

月岡芳年 画「皇国一新見聞誌 浦賀亜船来航」メトロポリタン美術館 蔵

もくじ（上から）

P.2

歌川貞秀 画「肥前崎陽（玉浦風景之図）・（肥前崎陽）玉浦風景之図」国立国会図書館 蔵

浅草庵作・葛飾北斎 画『画本東都遊』3 巻 国立国会図書館 蔵

蝦夷錦：写真提供 市立函館博物館

川原慶賀 画「長崎港図」アムステルダム国立美術館 蔵

P.3

ウィルヘルム・ハイネ 画「ペリー提督の横浜上陸」National Portrait Gallery,
 Smithsonian Institution; gift of August Belmont IV

首里城：写真提供 国営沖縄記念公園（首里城公園）

坂本龍馬：「近代日本人の肖像」（国立国会図書館）

この本の使い方

『江戸時代大百科』は、江戸時代について知りたいテーマごとに調べることができるシリーズです。5巻では、江戸時代の外交や貿易について、歴史の流れをたどりながら、幕府の政策や貿易の内容、文化の交流などを紹介しています。

● 本文中に「➡◯ページ」や「➡◯巻」とある場合、関連する内容が別のページや他の巻にあることを示しています。

● 本書では、年を西暦で記しています。明治5年までは、日本暦と西暦とは1か月ていどの違いがありますが、年月日はすべて日本暦をもとにし、西暦に換算していません。元号を表記する必要があるときには、「寛永年間（1624〜1645年）」のように西暦をあわせて示しています。

● この本では江戸時代について、おもに17世紀ごろを前期、18世紀ごろを中期、19世紀ごろを後期、とくに1853年ごろからを末期としてあらわしています。

ものしりコラム

本編の内容にかかわる、読むとちょっとものしりになれるコラムを掲載しています。

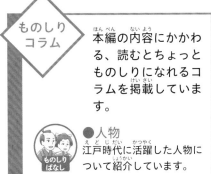

● 人物
江戸時代に活躍した人物について紹介しています。

● こと
江戸時代におこったできごとや事件について紹介しています。

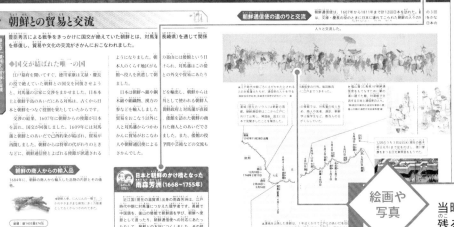

絵画や写真

当時のようすをあらわす絵画や、現在に残る史跡の写真などを掲載しています。

● 出典は
川原慶賀 画「長崎港図」アムステルダム国立美術館 蔵
　①　　　　　②　　　　　　③

①作者名　②作品名　③所蔵元のように示しています。

データや図表

● グラフや表では、内訳をすべてたし合わせた値が合計の値にならなかったり、パーセンテージの合計が100％にならない場合があります。これは数値を四捨五入したことによる誤差です。

● 出典は
田代和生『倭館 鎖国時代の日本人町』（ゆまに書房、
　①　　　　　②　　　　　　　　　　　　　③
2011年）「貞享元年（1684）私貿易取引表」
　④　　　　⑤
①著者・監修者名　②書籍などのタイトル　③出版社
④出版年　⑤グラフや図表のタイトル
のように示しています。

● 44〜45ページには、本編の内容にかかわるデータや図表を掲載する「データや図表で見る江戸時代」をもうけています。本文中に「➡P.44③開港後の貿易額と貿易相手国」とある場合、44ページの③に関係のあるデータや図表が掲載されています。

はじめに

　このシリーズでとりあげる「江戸時代」とは、江戸に全国を治める幕府があった時代のことをいいます。関ヶ原の戦いに勝利した家康が将軍となり、江戸に幕府を開いたのが1603年。ここから最後の将軍・徳川慶喜が1867年に政権を返上するまでの265年間が江戸時代です。

　それでは、江戸時代とはいったいどのような時代だったのでしょうか。もっとも大きな特徴は、平和な時代であったということです。1614〜1615年の大坂の陣や1637年の島原の乱などをのぞけば、大きな戦乱がおこることなく、幕府の支配が長く続きました。これは世界の歴史のなかでも、たいへんまれなことでした。

　こうした平和のもとで、江戸時代には経済が大きく発展し、ゆたかな文化が育まれていきました。今日のわたしたちが伝統的なものとしてとらえている産業や文化、ものの考え方や生活習慣のなかには、江戸時代にはじまったものが少なくありません。江戸時代は、わたしたちのくらしや社会の基礎になっているわけです。一方で現代には引き継がれなかったことがらも、いくつもあります。

　このような江戸時代は、近すぎず、そうかといって遠すぎない過去であり、現代といろいろな面をくらべることができる、よい鏡といえます。江戸時代をふり返り、学ぶことは、現代のわたしたちのくらしや社会を知ることにつながりますし、よりよい未来を考え、創っていくうえで、活かせることや手がかりになることも見つけられるはずです。

　このシリーズでは、江戸時代について幕府のしくみ、江戸の町、交通、産業、外交と貿易、文化といったテーマをあつかっています。5巻では、江戸時代を通じて幕府の外交と貿易にかかわる政策がどのように変化していったのか、また、具体的に外国・周辺の地域とどのような交流があったのかをみていきます。

　このシリーズが、江戸時代のことに興味をもち、くわしく知ろうとするみなさんの、よい手引きとなれば幸いです。

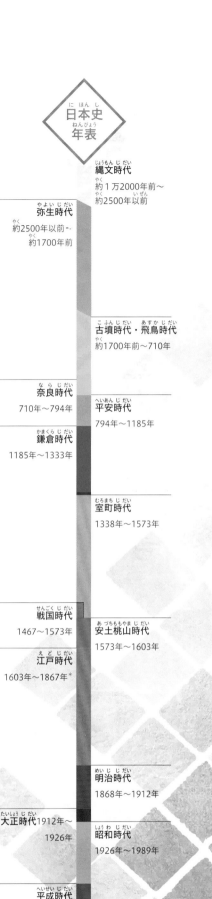

日本史年表

縄文時代
約1万2000年前〜
約2500年以前

弥生時代
約2500年以前〜
約1700年前

古墳時代・飛鳥時代
約1700年前〜710年

奈良時代
710年〜794年

平安時代
794年〜1185年

鎌倉時代
1185年〜1333年

室町時代
1338年〜1573年

戦国時代
1467〜1573年

安土桃山時代
1573年〜1603年

江戸時代
1603年〜1867年＊

明治時代
1868年〜1912年

大正時代1912年〜
1926年

昭和時代
1926年〜1989年

平成時代
1989年〜2019年

令和
2019年〜

＊江戸時代を1868年までとしている年表もあります。

江戸幕府が開かれたころの国際関係

日本で江戸幕府が開かれたころ、アジアでは明（現在の中国）が周辺の国々に強い影響力をもち、ヨーロッパの国々は世界各地へ勢力を広げていました。

◆幕府をなやませた外交問題と宗教

1603年に江戸幕府を開いた徳川家康は、外交と貿易にかかわる3つの問題と向き合うことになりました。1つ目は明や朝鮮との国交です。幕府が開かれたとき、日本と明、朝鮮のあいだでは正式な国交が絶えていました。

2つ目は、東南アジアとの国際関係です。家康は東南アジア各国と友好な関係を築くことと、貿易の発展に力を入れました。

3つ目は、貿易とキリスト教の取りしまりです。15世紀末にヨーロッパとアジアを結ぶ航路が開かれてから、ヨーロッパの国々はアジアへ積極的に進出していました。日本にも16世紀半ばから南蛮船とよばれるポルトガル船やスペイン船が来航し、南蛮貿易で大きな利益を得ていました。これらの国はキリスト教の布教（信仰を広めること）に熱心だったことから、日本国内でキリスト教徒が増えていました。

➡P.44 ①江戸幕府が開かれたころのキリスト教徒の人口

家康は周辺の国々との関係を立て直したり、新しく築いたりするとともに、幕府が貿易を管理できるようなしくみづくりを進めました。キリスト教についても、しだいに取りしまりを強めていきました。

幕府が開かれたころの国際関係

年	1600年	1603年	1604年	1607年	1609年	1610年	1612年	1613年	1616年	1623年	1624年	1628年	1635年
おもなできごと	●イギリス人ウィリアム・アダムズ（三浦按針）とオランダ人ヤン・ヨーステン（耶揚子）がリーフデ号で日本に漂着。後に江戸へまねかれて家康につかえる。	●家康が江戸幕府を開く。	●糸割符制度を定める。●松前藩（北海道）にアイヌとの交易を独占することを許可する。	●朝鮮との国交を回復。	●オランダが平戸に商館を開く。●対馬藩（長崎県）宗家が朝鮮と己酉約条をむすび、貿易が再開。●薩摩藩（鹿児島県）島津家が琉球王国に侵攻し、征服する。	●家康がメキシコに使節を派遣する。	●幕領（幕府の直轄領）にキリスト教を禁止する禁教令を出す。	●イギリスが平戸に商館を開く。●仙台藩（宮城県）藩主・伊達政宗が慶長遣欧使節を派遣する。●全国に禁教令を出す。	●ヨーロッパの商船の寄港地を平戸・長崎のみとする。	●イギリスが平戸の商館を閉じる。	●スペイン商船の来航が禁止される。海外渡航には朱印状のほか、老中が発行した奉書が必要となる。	●このころ、長崎で絵踏がはじまる。	●明の商船の来航を長崎のみとする。朱印船貿易がおこなわれなくなる。日本人の海外への渡航や帰国を完全に禁止する。

＊1豊臣秀吉…戦国時代〜安土桃山時代の武将。織田信長の家来から出世し、1590年に全国を統一した。

3つの課題と背景

家康の向き合った課題は、前に政権をにぎっていた豊臣秀吉[*1]の政策や、当時の世界の情勢などと深くかかわっていた。

①明や朝鮮との国交

明と日本

現在の中国にあたる地域は、14世紀に成立した明という王朝が支配していた。古くから中国の王朝は、進んだ文明をもつ中国が世界の中心であるという考えをもとに、周辺の国々から貢ぎ物を受け取り、その返礼として中国の品物を贈る朝貢貿易をおこなっていた。日本と明は15世紀から朝貢を前提とした勘合貿易[*2]をおこなっていたが、16世紀半ばに戦国時代の混乱のなかで貿易がとだえていた。

朝貢貿易

・使節をつかわす
・貢ぎ物をささげる（朝貢）

→ **明**

・国を支配する権利を認める
・貢ぎ物のお返しとして下賜品（贈り物）をさずける

16世紀半ばからおこなわれなくなる ✕

日本　朝鮮　琉球王国　ベトナム…

朝鮮と日本

1592年と1597年の2度にわたり、当時政権をにぎっていた豊臣秀吉は、明の征服をめざして朝鮮に侵略した。これを文禄・慶長の役という。戦場となった朝鮮は大きな被害を受け、日本と朝鮮との国交は絶えた。

②東南アジアとの国際関係

朱印船貿易

明との正式な貿易が禁止されていたため、日本の商人と明の商人は東南アジアの国々に出向いて取り引きをしていた（出会貿易）。東南アジアへの渡航は、豊臣秀吉の時代から、朱印状という渡航の許可証をもつ船（朱印船）にのみゆるされていた。

③貿易とキリスト教の取りしまり

南蛮貿易

1543年に種子島にポルトガル人が漂着してから、ポルトガル船やスペイン船が日本を訪れるようになり、明の生糸などと日本産の銀を交換する、南蛮貿易がさかんになった。ポルトガルは日本の銀で中国産の絹織物や陶磁器、東南アジアの香辛料などを買い、ヨーロッパで売って大きな利益を得ていた。

南蛮貿易

銀

南蛮船 ⇄ **日本**

生糸、絹織物、鉄砲、火薬など

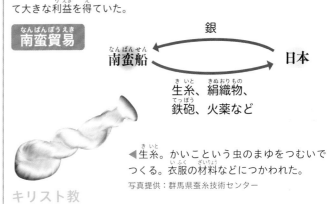

◀生糸。かいこという虫のまゆをつむいでつくる。衣服の材料などにつかわれた。
写真提供：群馬県蚕糸技術センター

キリスト教

1549年にスペイン人の宣教師（キリスト教を広める聖職者）、フランシスコ・ザビエルがキリスト教を伝え、幕府が開かれたころには信者が数十万人にまで増えていた。

幕府が開かれたころの世界

16～17世紀にかけて、ヨーロッパの国々は世界各地へ積極的に進出し、キリスト教を広め、貿易の拠点や資源の調達先として支配した。アジアでは明が強い力をもち、周辺の国々と朝貢貿易をおこなっていた。

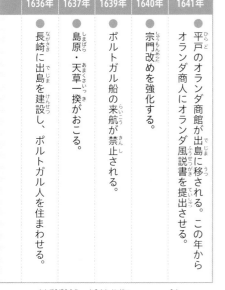

1636年	1637年	1639年	1640年	1641年
長崎に出島を建設し、ポルトガル人を住まわせる。	島原・天草一揆がおこる。	ポルトガル船の来航が禁止される。	宗門改めを強化する。	平戸のオランダ商館が出島に移される。この年からオランダ商人にオランダ風説書を提出させる。

イギリス　モスクワ大公国
フランス
ポルトガル　スペイン
オスマン帝国　ムガル帝国
明　日本
大西洋　インド洋　太平洋

スペイン領　ポルトガル領
イギリス領　フランス領

＊2勘合貿易…室町時代に日本と明のあいだでおこなわれた貿易。密貿易をおこなっていた倭寇とよばれる海賊と区別するため、勘合という合い札が使われた。

さまざまな国との貿易

江戸幕府が開かれたころ、徳川家康はアジアやヨーロッパの国々と積極的に貿易をおこない、明(現在の中国)産の生糸などを輸入していました。

◆東南アジアでの朱印船貿易

徳川家康は当初、周辺の国々に対して武力でおどしたり、支配したりしようとするのではなく、親しく交わり、積極的に貿易をおこなう方針をとりました。朝鮮とは対馬藩(長崎県)を通じて国交を回復し、貿易を再開させました。明とは国交を回復できませんでしたが、民間の商船が日本に来航するのを歓迎しました。→P.22 →P.20

東南アジアの国々とは親しい関係を築くよう努め、16世紀末からつづいていた朱印船貿易のしくみを整えました。おもにポルトガルとの南蛮貿易で手に入れていた明産の生糸を、東南アジアを通じて輸入しようと考えたのです。→P.7幕府は貿易をしたいという大名や豪商に渡航をゆるす証明書、朱印状をあたえ、貿易で得た利益の一部を納めさせました。東南アジア各国には手紙を送り、朱印状をもつ船に貿易をゆるし、船や商人を攻撃しないよう依頼しました。貿易がさかんになるにつれて東南アジアの拠点に移り住む日本人もあらわれ、各地に日本町がつくられました。

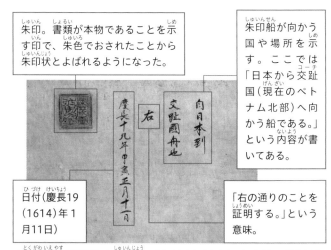

朱印。書類が本物であることを示す印で、朱色でおされたことから朱印状とよばれるようになった。

朱印船が向かう国や場所を示す。ここでは「日本から交趾国(現在のベトナム北部)へ向かう船である。」という内容が書いてある。

日付(慶長19(1614)年1月11日)

「右の通りのことを証明する。」という意味。

▲徳川家康が発行した朱印状。「徳川家康交趾渡海朱印状」九州国立博物館 蔵
撮影者:山﨑信一

朱印船貿易の担い手

朱印状は港があった九州の大名や、豪商(大商人)、家康に親しくつかえた外国人などにあたえられた。

	名前	身分や立場	おもな活動
大名	島津家久 (1576~1638年)	薩摩藩(鹿児島県)の藩主	ルソン(フィリピン)や安南(ベトナム)などとのあいだで、さかんに朱印船貿易をおこなった。1609年には琉球王国に兵を送って支配下においた。
	有馬晴信 (1567?~1612年)	日野江藩(長崎県)の藩主	キリシタン(キリスト教徒)大名。マカオ(フィリピン)で朱印船の船員が殺された仕返しとして、1609年に長崎に来航したポルトガル船を焼き打ちにする事件をおこした。
豪商	角倉了以 (1554~1614年)	京都の商人	家康の命令で安南などに朱印船を派遣し、ばくだいな利益を得た。国内各地の治水工事をおこない、水路をひらいたことでも知られる。
	末次平蔵 (?~1630年)	長崎の商人	ルソン、シャム(タイ)、トンキン(ベトナム)、高山国(台湾)などに朱印船を派遣した。後に長崎の町をおさめる長崎代官となった。
外国人	ウィリアム=アダムズ(三浦按針) (1564~1620年)	家康につかえたイギリス人	1600年に日本に漂着した後、家康に親しくつかえ、外交や貿易の助言をした。平戸にイギリス商館ができると、自ら朱印船でシャムや安南などに渡った。
	ヤン=ヨーステン(耶揚子) (1556?~1623年)	家康につかえたオランダ人	アダムズとともに日本に漂着し、家康につかえた。交趾、シャム、パタニ(マレー半島)などに朱印船を派遣。

朱印船の渡航地と日本町

東南アジアの各地をめざして、多くの朱印船が海をわたった。渡航地のなかには、ヨーロッパの国々が貿易の拠点として占領している地域もあった。取り引きは、各地の拠点を訪れる明の商人ともさかんにおこなわれた。

日本から東南アジアへ

● 銀　● 銅　● 硫黄

● 鉄　● 刀剣など

◀硫黄。火薬の材料となる鉱物で、火山の多い九州地方で豊富に産出された。朱印船貿易を通じておもに明へと渡った。

▲朱印船。秋から冬にかけて、南に向かって吹く風で東南アジアに渡り、春から夏にかけて北に向かって吹く風で日本に帰った。
「末次船絵馬の写し」長崎歴史文化博物館 蔵

地図の見方

—— 朱印船のおもな航路

● 日本人が住んでいた場所

□ 日本町があった場所

▨ ポルトガル領 ┐
▨ スペイン領　├ 17世紀前半
▨ オランダ領 ┘

日本海
日本
明
ニンボー 寧波
長崎
漳州 チンチョウ
太平洋
マカオ
トンキン
安南（ベトナム）
高山国（台湾）こうざんこく
南シナ海
ツーラン
シャム（タイ）
アユタヤ
バンコク
フェフォ
交趾（ベトナム）コーチ
ピニャルー
プノンペン
ルソン（フィリピン）
マニラ
ディラオ
サンミゲル
カンボジア
リゴール
パタニ
ブルネイ
マラッカ
カリマンタン島
テルナテ
スマトラ島
セレベス島（スラウェシ島）
モルッカ諸島
ニューギニア島
バタビア
アンボイナ
ジャワ島

0　1000km

東京書籍「新編 新しい社会 歴史」などをもとに作成

東南アジアから日本へ

● 生糸　● 絹織物　● 砂糖

● シカやサメなどの皮　● 象牙

● 染料など

▶象牙。さまざまな工芸品の材料となった。

▶蘇芳という、インドやマレーシアなどが原産の木を加工した染料。布を赤く染めるためにつかわれた。

写真提供：Maito Design Works

ものしりばなし

タイで活躍した日本人
山田長政（？〜1630年）

駿河国（現在の静岡県中部）生まれ。1612年ごろ、朱印船に乗ってシャムにわたった。アユタヤの日本町をまとめる長となり、日本との貿易や交流に力をつくした。シャムの国王の信頼を得て、一時は国でもっとも位の高い役人となったが、国王の跡継ぎをめぐる争いにまきこまれて毒殺された。

◀山田長政の肖像画。
「山田長政像」静岡浅間神社 蔵

◆ヨーロッパの国々との貿易

幕府が開かれたとき、生糸の輸入はポルトガルとの南蛮貿易にたよっていたため、日本は生糸と引きかえに、ポルトガルがもとめる大量の銀をわたしていました。そこで家康は生糸を安く仕入れられるよう、糸割符制度を定めました。

さらに、家康はポルトガル以外のヨーロッパの船の来航を許可して、貿易相手を増やしました。

16世紀末から中断していたスペインとの貿易を再開したほか、オランダ、イギリスとも新たに貿易をはじめました。この2国は工業や貿易に力を入れ、16世紀末からポルトガルやスペインにかわって世界各地で勢力を広げていました。また、カトリックを信仰するポルトガルやスペインは布教に熱心でしたが、オランダとイギリスはそれぞれプロテスタントとイギリス国教会を信仰し、布教よりも貿易の利益をもとめていました。

糸割符制度の導入

ポルトガルは16世紀半ばから、おもに明産の生糸と日本産の銀の取り引きを仲立ちする南蛮貿易で利益を独占していました。そこで家康は、日本から銀が出ていくのを止めるため、1604年に糸割符制度とよばれる制度を導入しました。

糸割符制度　ない

生糸の輸入先がポルトガル商人に限られていることから、日本の商人はポルトガル商人が決めた価格を支払う。支払いには銀がつかわれたため、日本は大量の銀をうしなうことになる。

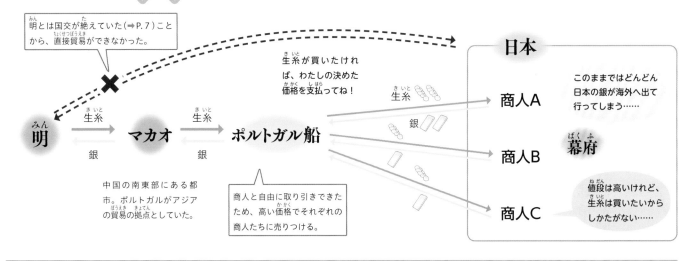

明とは国交が絶えていた（⇒P.7）ことから、直接貿易ができなかった。

生糸が買いたければ、わたしの決めた価格を支払ってね！

中国の南東部にある都市。ポルトガルがアジアの貿易の拠点としていた。

商人と自由に取り引きできたため、高い価格でそれぞれの商人たちに売りつける。

このままではどんどん日本の銀が海外へ出て行ってしまう……

値段は高いけれど、生糸は買いたいからしかたがない……

糸割符制度　ある

ポルトガル商人は自分たちだけで価格を決められなくなるため、日本側はそれまでより安い価格で生糸を買うことができる。

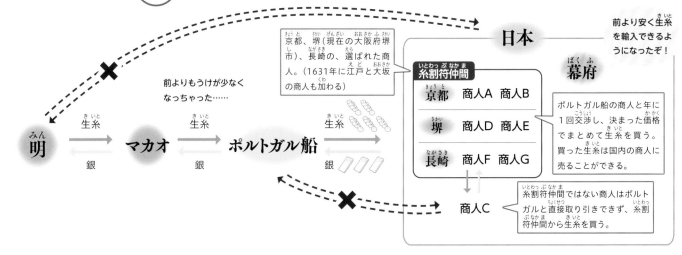

京都、堺（現在の大阪府堺市）、長崎の、選ばれた商人。（1631年に江戸と大坂の商人も加わる）

前よりもうけが少なくなっちゃった……

糸割符仲間

京都	商人A	商人B
堺	商人D	商人E
長崎	商人F	商人G

前より安く生糸を輸入できるようになったぞ！

ポルトガル船の商人と年に1回交渉し、決まった価格でまとめて生糸を買う。買った生糸は国内の商人に売ることができる。

糸割符仲間ではない商人はポルトガルと直接取り引きできず、糸割符仲間から生糸を買う。

江戸時代初期の各国との貿易

家康は幕府を開いた当初、ヨーロッパの国々の商船を積極的に受け入れた。多いときには4か国のヨーロッパの商船が日本へ来航していた。

カトリック

ポルトガル

16世紀半ばにヨーロッパの国としてはじめて日本に来航。幕府が開かれた当初、日本のおもな貿易の相手国だった。

スペイン

1584年に初めて平戸に来航して南蛮貿易をおこなっていたが、豊臣秀吉が政権をにぎっていた時代に国交を断絶していた。家康は1611年に国交を回復させ、貿易を再開した。家康はスペインの植民地だったノビスパニア（現在のメキシコ）とも貿易をしようと使節を派遣したが、貿易はおこなわれなかった。

▲南蛮貿易の時代、日本に来航していたスペインのガレオン船の模型。
たばこと塩の博物館 蔵

●江戸幕府が開かれる前から南蛮貿易をおこなっていた。

●カトリックを信仰する。布教に熱心で、多くの宣教師（キリスト教の布教をおこなう聖職者）を日本に派遣し、各地に教会を建設した。

●15世紀末からアメリカ大陸やアジア、アフリカに進出し、世界中に植民地や貿易の拠点をもっていたが、16世紀末から勢力をうしないつつあった。

プロテスタント・イギリス国教会

オランダ

1600年に日本に漂着したオランダ人、ヤン＝ヨーステンが家康につかえたことをきっかけに、1609年に平戸に商館を開いた。

イギリス

1600年にヤン＝ヨーステンとともに日本に漂着したイギリス人、ウィリアム＝アダムズが家康に親しくつかえたことをきっかけに、1613年に平戸に東インド会社の商館が開かれた。

ウィリアム＝アダムズ（1564〜1620年）

三浦按針という日本名をあたえられた。

馬堀喜孝 画『三浦按針肖像』横須賀市 蔵

●江戸時代に入ってから日本と貿易をはじめた。

●オランダはプロテスタント、イギリスはイギリス国教会を信仰する。どちらも16世紀にカトリックから分かれてできた教派で、布教より貿易を優先した。

●毛織物の生産などの工業に力を入れていた。17世紀初めにそれぞれ東インド会社を設立し、アジアに積極的に進出していた。

ものしりばなし

仙台藩士たちが大冒険 慶長遣欧使節

1613年、仙台藩（宮城県）藩主の伊達政宗は、ノビスパニアとの貿易をもとめて、のちに慶長遣欧使節とよばれる外交使節をヨーロッパへ派遣しました。支倉常長をはじめとする使節団は太平洋を渡り、メキシコを経て、スペインでは国王に、ローマ（イタリア）では教皇（カトリックの最高位の聖職者）に面会しました。支倉たちは歓迎を受けたものの、貿易の許可は得られず、1620年に帰国しました。

地図の見方
── 往路　── 復路

1613年10月28日 出発
1620年9月20日ごろ 帰国

仙台　長崎　日本　マニラ　北アメリカ大陸　大西洋　バルセロナ　マドリード　ローマ　メキシコシティ　太平洋　アフリカ大陸　南アメリカ大陸

▲慶長遣欧使節の経路。使節団は仙台藩で建造された西洋式の帆船で太平洋をわたった。
宮城県慶長使節船ミュージアム「慶長遣欧使節とは」をもとに作成

◀支倉常長が日本に持ち帰った十字架とメダル。帰国後、仙台藩で保管されて現在まで伝わり、国宝に指定されている。
国宝「慶長遣欧使節関係資料」仙台市博物館 蔵

キリスト教の取りしまりと貿易の制限

幕府はしだいにキリスト教の信仰や貿易に制限をもうけるようになりました。そのようななか、島原・天草一揆がおこり、幕府のキリスト教や貿易への対応はよりきびしくなりました。

◆キリスト教徒の一揆が幕府をゆるがした

徳川家康は幕府を開いた当初、表向きはキリスト教を禁止していましたが、ヨーロッパとの貿易をさかんにするため、きびしく取りしまることはありませんでした。しかし幕府よりも神への信仰を重んじる宣教師やキリスト教徒は、幕府の支配を根元からゆるがすものでした。また、ポルトガルやスペインが日本を支配下に置くため、日本に侵略するきっかけになる可能性もありました。

そこで家康は1612年に幕領に、翌年には全国 →①巻

に禁教令を出し、キリスト教を禁止し、宣教師を追放しました。2代将軍の徳川秀忠、3代将軍の徳川家光の時代に取りしまりはきびしくなり、外国との貿易もしだいに制限されました。

そのようななか、1637年に多くのキリスト教徒がいた島原(長崎県)と天草(熊本県)で島原・天草一揆がおこりました。幕府は一揆をしずめた後、キリスト教を徹底的に弾圧しました。また、ポルトガル船の来航を禁止し、貿易は長崎で、オランダと中国(明・清)の商船とのみおこなうようになりました。

貿易の取りしまり

1639年にポルトガル船の来航を禁止し、1641年には貿易は長崎で、オランダと中国の商船にのみゆるされるようになった。キリスト教の布教をしないオランダや中国との貿易がさかんになり、ポルトガルに生糸などの輸入をたよる必要はなくなっていた。

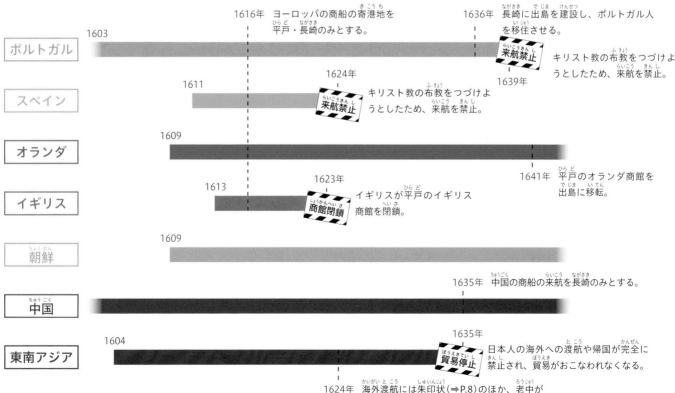

ものしりばなし
江戸時代の大事件コラム

大江戸新聞

大江戸新聞社　大江戸新聞

島原・天草一揆、幕府にしずめられる

1637年10月に九州の島原半島南部と天草諸島のキリシタン（キリスト教徒）が中心となって起こった島原・天草一揆は、4か月かかって幕府にしずめられた。

きっかけはキリスト教の 弾圧と重い税

一揆が起こった島原と天草は、もとはそれぞれキリシタン大名の小西家、有馬家の領地だったことから、多くのキリシタン大名がいた。江戸時代に入り、この二家にかわって領主となった松倉家と寺沢家はキリスト教徒をきびしく弾圧した。また、米の実りが悪かった

▲島原・天草一揆の戦いのようす。原城にたてこもる農民軍に、幕府側は大軍で総攻撃をしかけた。
「島原陣図御屏風（戦闘図）」朝倉市秋月博物館 蔵

にもかかわらず、年貢（米でおさめる税）をさかんに取り立てた。

きびしい支配に 立ちあがった人々

たえきれなくなった島原・天草の人々は、天草四郎という十五、六歳の少年を指導者として一揆をおこした。キリスト教徒のほか、重い税に苦しむ農民や有馬家などにつかえた武士たちも加わり、一揆軍は約三万七千人の大軍となった。一揆軍は島原の原城にたてこもった。

幕府側の総攻撃で 一揆軍はほぼ全滅

幕府は九州各地の藩によびかけて鎮圧軍を組織し、原城を攻撃させたが、一揆軍の必死の抵抗に、すぐに城を攻め落とすことができなかった。そこで鎮圧軍は原城を囲んで食料を持ちこませない作戦をとった。1638年2月28日、飢えで弱り、鉄砲の弾も尽きた一揆軍に鎮圧軍は総攻撃をしかけ、天草四郎をはじめとする一揆軍は殺され、全滅した。

天草四郎（1622?～1638年）
▲一揆軍の総大将となった少年。神の使いとされ、一揆軍の心のよりどころとなった。

キリスト教の取りしまりの強化

島原・天草一揆の後、幕府は絵踏や、信仰する宗教を調査する宗門改めを徹底させた。宗門改めの結果は、毎年村ごとに宗門改帳としてまとめられた。その結果、どの家もいずれかの仏教の宗派に入ることになった。

◀江戸時代後期の絵踏のようす。キリスト教徒が信仰するキリストなどが彫られた踏絵とよばれる板を踏ませ、踏めない者をキリスト教徒としてとらえた。絵踏はキリスト教徒の多かった九州各地で、毎年正月におこなわれた。
フィリップ・フランツ・フォン・シーボルト『日本』国立国会図書館 蔵

◀江戸時代前期につくられた踏絵。
「踏絵（キリスト像〈十字架上のキリスト〉）」東京国立博物館 蔵
出典：ColBase（https://colbase.nich.go.jp/）

一　禅宗　海圓寺　印　旦那　老母　律奈　とし七拾八才
一　同寺　印　旦那　男子　午太郎　とし弐拾二才
一　同寺　印　旦那　嫁　満津　とし弐拾二才

▶宗門改帳。一家ごとに檀那寺（その家の葬祭をうけもつ寺）と名前、親子・夫婦などの関係、年齢が記録されている。

「竹内俊鳳氏収集文書」群馬県立文書館 蔵

第2章 鎖国下の貿易と交流

鎖国と4つの窓口

17世紀半ばごろから江戸時代末期まで、幕府がキリスト教を取りしまり、外交や貿易を支配していたことを「鎖国」とよびます。

◆幕府が支配した外交と貿易

1641年にオランダ商館を長崎の出島に移して以降、日本による貿易は長崎で、オランダと中国（明・清）の商船とのみおこなわれるようになりました。このように幕府が貿易を取りしまり、管理した政策は、後に鎖国とよばれました。

しかし国を封鎖するというイメージとは異なり、実際には長崎以外にも対馬藩（長崎県）を通じて朝鮮と、薩摩藩（鹿児島県）を通じて琉球王国

と、松前藩（北海道）を通じてアイヌとの貿易や交易、交流がおこなわれていました。1854年に日米和親条約がむすばれて日本が開国するまで、日本は200年以上にわたってこの4つの窓口を通じた外交と貿易をつづけました。

鎖国下でも、貿易・交易のしくみや輸出入品は変わっていきました。たとえば長崎での貿易のしくみは、何度も変更されました。また、おもな輸出品は銀から金、金から銅や俵物とよばれる魚介類の乾物へと変わっていきました。
→P.16

鎖国下の輸出入品の変化

江戸時代初めにおもな輸出品だった銀は、採掘により産出量が減った。そのため幕府は17世紀半ばにそれまで禁止していた金の輸出を許可した。しかし金もすぐに産出量が減り、17世紀後半から銅と俵物がおもな輸出品となった。

銅
17世紀初めに足尾銅山（栃木県）をはじめとする銅山が開かれ、17世紀後半には重要な輸出品となった。

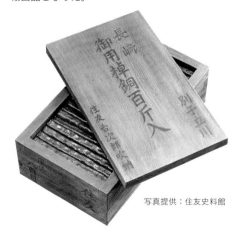

写真提供：住友史料館

▲長崎から輸出された別子銅山（愛媛県）の銅を復元した、長崎御用棹銅箱（模型）。細長い棹銅とよばれる状態にして、箱につめて輸出された。

俵物
いりこ、ほしあわび、ふかのひれの3つを指す。俵につめて運ばれたことから名前がついた。銅の産出量が減った18世紀半ば以降、蝦夷地でとれた俵物が北前船（→3巻）を通じて長崎や琉球王国に運ばれ、高級食材として中国に輸出された。

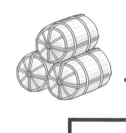

いりこ
なまこという海の生き物を乾燥させたもの。

ほしあわび
巻き貝の一種、あわびを乾燥させたもの。

ふかのひれ
さめのひれを乾燥させたもの。

写真提供：株式会社ユーワールド

鎖国下の4つの窓口

幕府は貿易や交易をおこなう場所や対応する藩を定め、幕府が貿易や外国との交流を管理し、利益を得られるようにした。また、オランダ商人に毎年オランダ風説書を提出させるなど、窓口を通じて外国の情報を手に入れていた。

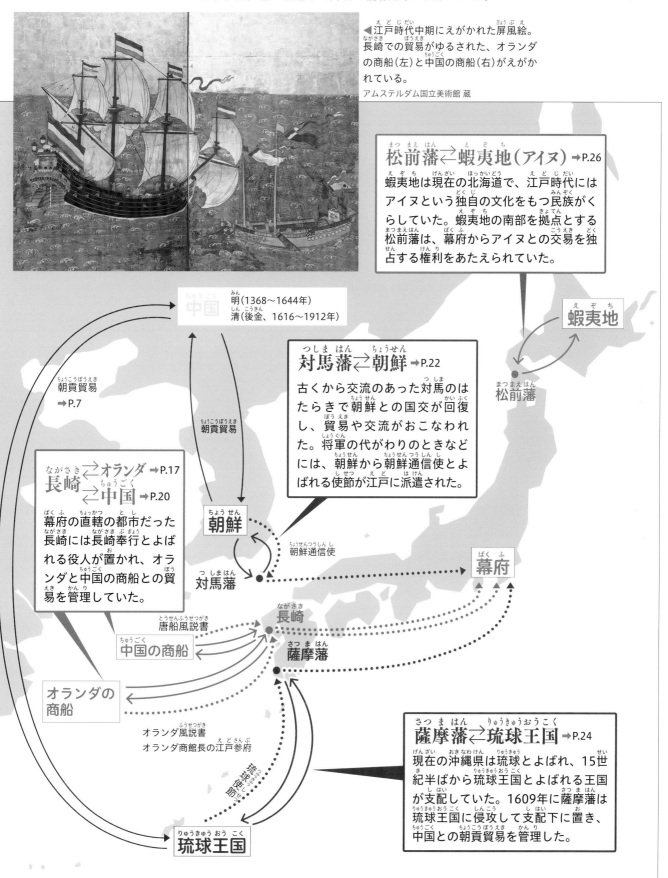

◀江戸時代中期にえがかれた屏風絵。長崎での貿易がゆるされた、オランダの商船(左)と中国の商船(右)がえがかれている。
アムステルダム国立美術館 蔵

松前藩⇄蝦夷地(アイヌ) →P.26

蝦夷地は現在の北海道で、江戸時代にはアイヌという独自の文化をもつ民族がくらしていた。蝦夷地の南部を拠点とする松前藩は、幕府からアイヌとの交易を独占する権利をあたえられていた。

中国
明(1368〜1644年)
清(後金、1616〜1912年)

蝦夷地

松前藩

朝貢貿易 →P.7

朝貢貿易

対馬藩⇄朝鮮 →P.22

古くから交流のあった対馬のはたらきで朝鮮との国交が回復し、貿易や交流がおこなわれた。将軍の代がわりのときなどには、朝鮮から朝鮮通信使とよばれる使節が江戸に派遣された。

長崎⇄オランダ →P.17
長崎⇄中国 →P.20

幕府の直轄の都市だった長崎には長崎奉行とよばれる役人が置かれ、オランダと中国の商船との貿易を管理していた。

朝鮮

対馬藩

朝鮮通信使

幕府

唐船風説書

中国の商船

長崎

薩摩藩

オランダの商船

オランダ風説書
オランダ商館長の江戸参府

琉球使節

薩摩藩⇄琉球王国 →P.24

現在の沖縄県は琉球とよばれ、15世紀半ばから琉球王国とよばれる王国が支配していた。1609年に薩摩藩は琉球王国に侵攻して支配下に置き、中国との朝貢貿易を管理した。

琉球王国

15

長崎での貿易と交流

第2章　鎖国下の貿易と交流

鎖国の時代、長崎は国内で唯一外国に開かれた港でした。長崎奉行という役人の監督のもと、オランダと中国(明・清)との貿易がおこなわれました。

◆幕府が直接支配した貿易都市

長崎は1571年にポルトガル船が来航してから、南蛮貿易とキリスト教布教の中心地でした。→P.7

徳川家康は江戸幕府を開いた後、貿易の利益を得るため、長崎を幕府が直接支配する幕領としました。鎖国下でも、長崎にはオランダと中国の商船の来航がゆるされ、国内で唯一外国に開かれた港でした。→P.14

長崎での外交や貿易は、幕府から派遣された長崎奉行とよばれる幕府の役人が担当しました。不正な取り引きやキリスト教の広まりをふせぐため、オランダと中国の商人はそれぞれ長崎の出島→P.18

と唐人屋敷に住むよう定められ、行動をきびしく制限されました。貿易は、幕府が決めたきまりにしたがっておこなわれました。→P.21

▲1830年代にえがかれた長崎港。長崎奉行の拠点、長崎奉行所は、西役所と立山役所の2か所があった。

川原慶賀 画「長崎港図」アムステルダム国立美術館 蔵

図中ラベル: 唐人屋敷 / 中国の商船 / 出島 / オランダ商船 / 長崎奉行所 西役所

幕府が管理した長崎での貿易

長崎での貿易の方法は何度も変わった。商人に自由な取り引きを認めた時代もあったが、金銀が大量に輸出されたり、不正な取り引きが増えたりしたため、17世紀後半から幕府はさまざまなきまりや機関をもうけた。

長崎会所による貿易の独占

1698年、幕府は長崎での貿易を管理し、利益を得るために長崎会所を設置した。長崎会所はオランダと中国の商人との貿易を独占し、得た利益の一部を幕府へおさめたほか、長崎の町人にも配分した。

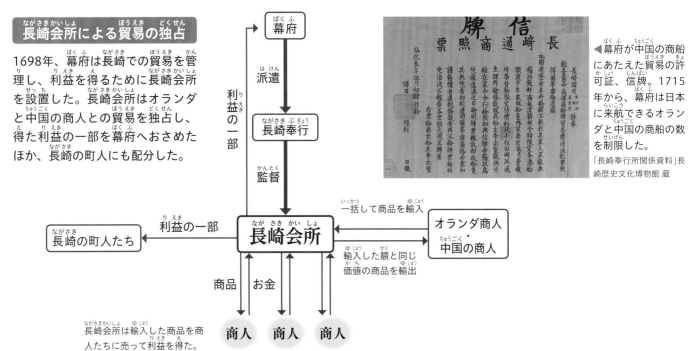

◀幕府が中国の商船にあたえた貿易の許可証、信牌。1715年から、幕府は日本に来航できるオランダと中国の商船の数を制限した。

「長崎奉行所関係資料」長崎歴史文化博物館 蔵

幕府 → 派遣 → 長崎奉行 → 監督 → 長崎会所

利益の一部

長崎の町人たち ← 利益の一部 ← 長崎会所

長崎会所 ← 一括して商品を輸入 ← オランダ商人・中国の商人
長崎会所 → 輸入した額と同じ価値の商品を輸出 → オランダ商人・中国の商人

長崎会所 → 商品・お金 → 商人 商人 商人

長崎会所は輸入した商品を商人たちに売って利益を得た。

◆オランダとの貿易と交流

オランダは1602年にオランダ東インド会社という世界初の株式会社を設立し、アジアへ積極的に進出していました。幕府は1609年にオランダ船の来航を許可し、平戸（長崎県）に東インド会社の拠点のひとつ、オランダ商館が開かれました。

オランダはプロテスタントの国で、キリスト教の布教をすることはなかったことから、幕府にとって理想的な貿易相手でした。そのため島原・天草一揆がおこった後も、商館を出島に移して、
→P.13
貿易をつづけることがゆるされました。ヨーロッパで唯一の貿易相手となったオランダからは、中国産の生糸や東南アジア産の砂糖、ヨーロッパの書物などが輸入されました。

幕府はオランダに貿易を許可するかわりに、海外の状況や、日本にかかわる情報を提出するようもとめました。これはオランダ風説書とよばれ、幕府の重要な情報源となりました。

オランダ商館長たち

◀オランダ商館長は、毎年江戸を訪れて将軍と面会し、貿易の許可に感謝をしめす江戸参府を義務づけられていた。商館長たちが江戸で泊まった長崎屋とよばれる宿には、毎回多くの見物人がおしかけた。

浅草庵作・葛飾北斎画『画本東都遊』3巻 国立国会図書館 蔵

オランダからの輸入品の変化

オランダからの輸入品は、最初は中国産の生糸や絹織物が中心だった。鎖国後、しだいに日本の国内で生糸の生産がさかんになると、生糸を大量に輸入する必要はなくなり、18世紀以降は砂糖や綿織物の割合が増えた。

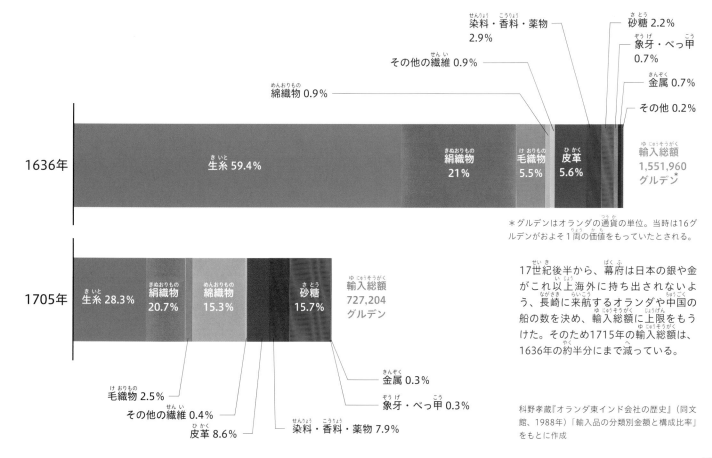

1636年
生糸 59.4%　絹織物 21%　毛織物 5.5%　皮革 5.6%

綿織物 0.9%
その他の繊維 0.9%
染料・香料・薬物 2.9%
砂糖 2.2%
象牙・べっ甲 0.7%
金属 0.7%
その他 0.2%

輸入総額 1,551,960 グルデン*

＊グルデンはオランダの通貨の単位。当時は16グルデンがおよそ1両の価値をもっていたとされる。

1705年
生糸 28.3%　絹織物 20.7%　綿織物 15.3%　砂糖 15.7%

毛織物 2.5%
その他の繊維 0.4%
皮革 8.6%
染料・香料・薬物 7.9%
金属 0.3%
象牙・べっ甲 0.3%

輸入総額 727,204 グルデン

17世紀後半から、幕府は日本の銀や金がこれ以上海外に持ち出されないよう、長崎に来航するオランダや中国の船の数を決め、輸入総額に上限をもうけた。そのため1715年の輸入総額は、1636年の約半分にまで減っている。

科野孝蔵『オランダ東インド会社の歴史』（同文館、1988年）「輸入品の分類別金額と構成比率」をもとに作成

オランダ商館がおかれた出島

出島は1636年に、ポルトガル人を隔離するためにつくられた人工の島。ポルトガル人が追放された後、オランダ東インド会社（→P.17）の日本支店、オランダ商館がおかれた。カピタンとよばれる商館長をはじめ、数人から十数人の商館員がくらしていた。

▲カピタン部屋で食事をする商館員たち。2人の日本人女性は、お金と引きかえに男性をもてなした遊女。出島に出入りできる日本人女性は、遊女のみだった。
川原慶賀 画「唐蘭館絵巻 蘭館図のうち宴会図」長崎歴史文化博物館 蔵

◀日本人の役人が見守るなか、オランダから運ばれてきた商品の重さをはかっている。手前は砂糖、奥は蘇木という染料を計っているとされる。
川原慶賀 画「唐蘭館絵巻、蘭館図のうち商品計量図」アムステルダム国立美術館 蔵

家畜小屋
当時、日本では飼育が禁止されていた豚や牛を飼っていた。肉は料理につかわれた。

外科部屋
商館員の外科医がくらす建物。外科医は商館員のほか、許可を得て日本人を診察したり、日本人の医師に治療の方法を教えたりすることもあった。

カピタン部屋
オランダ商館長の事務所や住まい。出島でもっとも大きな建物で、日本人の役人や大名をもてなす場所でもあった。

オランダの国旗

通詞部屋
通詞とよばれる日本人のオランダ語の通訳が拠点とした場所。

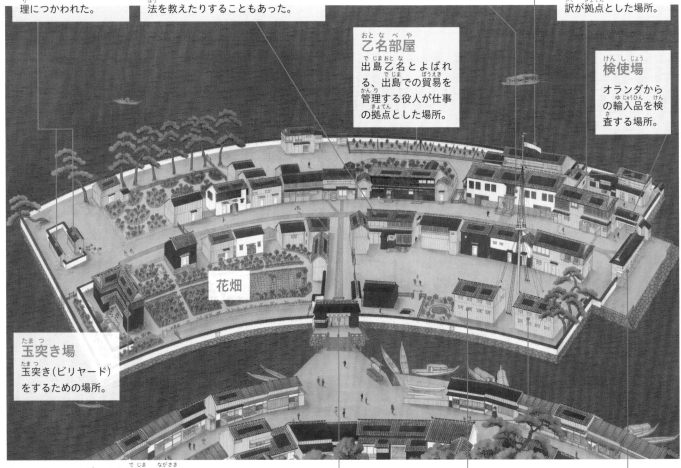

乙名部屋
出島乙名とよばれる、出島での貿易を管理する役人が仕事の拠点とした場所。

検使場
オランダからの輸入品を検査する場所。

花畑

玉突き場
玉突き（ビリヤード）をするための場所。

▲1830年代にえがかれた出島。長崎の町とは橋でつながっている。
川原慶賀 画「出島図」アムステルダム国立美術館 蔵

＊施設の配置は竹内誠 監修『江戸時代館』（小学館、2011年）「出島の建物」などを参考に作成。

表門
出島の出入り口。門番が出入りする人をきびしく取り調べた。

蔵
砂糖や染料など、オランダからの輸入品をおさめた蔵。

水門
オランダ船からの荷物をあげるためにつかわれた門。

ヨーロッパと日本をつないだオランダ商船

オランダ商船は、日本に世界各地で起こった出来事などの情報や、ヨーロッパの学問や知識、文化などをもたらした。また、ヨーロッパには日本の工芸品のほか、日本で見聞きしたことを情報として持ち帰った。

ヨーロッパから日本へ伝わったもの

情報　オランダ商館長から提出されるオランダ風説書は、幕府にとって貴重な外国の情報だった。最初は幕府の関係者が独占していたが、しだいに情報がもれるようになり、江戸時代末期には写されたオランダ風説書が人々のあいだに広まっていた。

学問・知識　8代将軍の徳川吉宗がキリスト教に関係のない書物の輸入を認めたことをきっかけに、ヨーロッパの学問や知識が伝わり、蘭学(➡6巻)が発展した。

 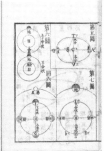

▶1808年に出版された、コペルニクスの地動説[*1]を紹介する天文学の書籍。画家で蘭学者だった司馬江漢が、ヨーロッパの科学書から得た知識をもとに著した。
司馬江漢『刻白爾天文図解』国立公文書館 蔵

◀日本初のヨーロッパの医学書の翻訳、『解体新書』。前野良沢と杉田玄白らが中心となり、オランダ語訳されたドイツの医学書を翻訳した。
前野良沢・杉田玄白ほか訳『解体新書』国立国会図書館 蔵

美術・工芸　ヨーロッパの美術品や工芸品、その制作にかかわる技術も伝えられた。遠近法などのヨーロッパの絵画の技術は江戸時代中期から後期にかけて日本に広まり、洋風画(➡6巻)という絵画のジャンルが生まれた。

▶8代将軍の吉宗がオランダ商館長に命じて輸入したオランダの絵画を、日本人の画家、石川大浪・孟高兄弟が模写したもの。
石川大浪・孟高『ファン・ロイエン筆花鳥図摸写』秋田県立近代美術館 蔵

*1 地動説…太陽のまわりを地球などの惑星がまわっているとする説。

日本からヨーロッパへ伝わったもの

情報　オランダ商船でやってきた人々のなかには、帰国後、日本のようすを書籍に著すなどして発表した人もいた。基本的に出島から出られなかったため、江戸参府のときに見聞きしたことや、通詞とよばれる日本人通訳からの聞き取りなど、限られた情報がもとになっていた。

▲1690〜1692年、出島のオランダ商館につとめたドイツ人医師、ケンペルが著した『日本誌』のさし絵。江戸参府の帰りに立ち寄った、京都の清水寺の境内をえがいたもの。エンゲルベルト・ケンペル『日本誌：日本の歴史と紀行』国際日本文化研究センター 蔵

美術・工芸　有田焼をはじめ、陶磁器や漆器などの工芸品も日本の輸出品だった。

◀オランダ東インド会社によって注文された有田焼の皿。VOCというオランダ東インド会社をあらわすマークが入っている。明が滅ぶと、ヨーロッパで人気だった景徳鎮(中国)産の磁器が手に入らなくなったため、オランダ東インド会社は日本の有田焼を大量に注文し、ヨーロッパで売るようになった。
「染付芙蓉手鳳凰文大皿」佐賀県立九州陶磁文化館 蔵

▶江戸時代中期につくられた、ナイフなどをしまっておく漆塗りの箱。漆塗りはヨーロッパで人気が高く、輸出用にヨーロッパ向けの形やデザインの製品がつくられた。
「山水人物蒔絵ナイフ箱」国立歴史民俗博物館 蔵

◆中国との貿易と交流

江戸幕府を開いたとき、徳川家康は当時中国を支配していた王朝、明との国交を回復させようとしましたが、できませんでした。しかし幕府が明の商船を歓迎し、鎖国の後も長崎への来航を認めたことから、貿易はおこなわれました。

17世紀半ばに明が滅び、女真族の王朝、清が権力をにぎりました。清とも国交は結ばれませんでしたが、貿易はさかんになり、密貿易（正式な手続きをとらず、ひそかにおこなう貿易）をおこな

う商人が増えました。そこで幕府は、それまで長崎の町で自由に行動していた中国の商人や船員らを唐人屋敷に住まわせて、貿易や交流を監視できるようにしました。中国からの輸入品は中国産の生糸や絹織物、アジア産の砂糖や薬の材料、皮革などでした。輸出品は最初は金や銀が中心でしたが、しだいに銅や俵物へと変わっていきました。

中国の商船は海外に関する情報を提出し、幕府へ唐船風説書として報告されました。また、中国の人々とふれあう機会の多かった長崎には、中国の祭りなどの文化が伝わりました。

中国の商船1隻からの輸入品

1812年に中国から来航した1隻の商船から、日本人の商人が買い取った品物の内訳とその価格。薬の材料となる薬種や香料、染料は中国や東南アジアでとれる高級品で、買い取った額の約4割をしめている。

総額：銀420貫968匁

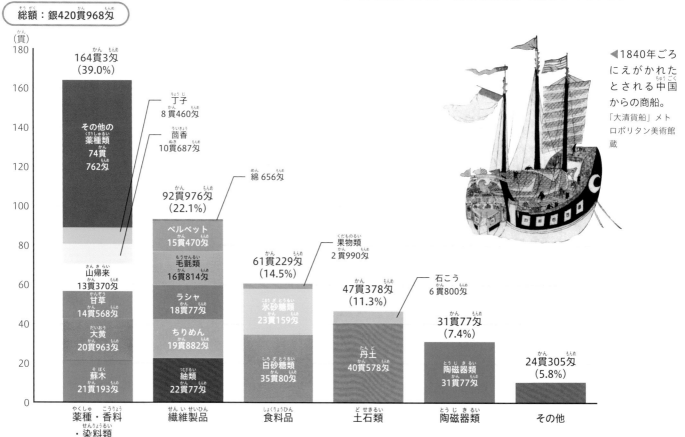

（貫）
180

薬種・香料・染料類　164貫3匁（39.0%）
- その他の薬種類 74貫762匁
- 丁子 8貫460匁
- 茴香 10貫687匁
- 山帰来 13貫370匁
- 甘草 14貫568匁
- 大黄 20貫963匁
- 蘇木 21貫193匁

繊維製品　92貫976匁（22.1%）
- 綿 656匁
- ベルベット 15貫470匁
- 毛氈類 16貫814匁
- ラシャ 18貫77匁
- ちりめん 19貫882匁
- 紬類 22貫77匁

食料品　61貫229匁（14.5%）
- 果物類 2貫990匁
- 氷砂糖類 23貫159匁
- 白砂糖類 35貫80匁

土石類　47貫378匁（11.3%）
- 石こう 6貫800匁
- 丹土 40貫578匁

陶磁器類　31貫77匁（7.4%）
- 陶磁器類 31貫77匁

その他　24貫305匁（5.8%）

◀1840年ごろにえがかれたとされる中国からの商船。「大清貨船」メトロポリタン美術館蔵

中村 質『近世長崎貿易史の研究』（吉川弘文館、1988年）「「唐物」の流通ルートと価格形成－文化九年（1812）「永茂」号の場合」をもとに作成

▶薬の材料となった植物。江戸時代には病気やけがを治すとき、植物や動物などを乾燥させた漢方薬をつかうことがあった。中国や東南アジアが原産の材料も多く、高い金額で輸入されていた。
写真提供：株式会社山崎帝國堂

山帰来　甘草　大黄

唐人屋敷と長崎に残る中国の文化

長崎に1689年にもうけられた唐人屋敷には数千人の中国の商人たちがくらした。となりあってくらす長崎の人々は唐人屋敷にくらす人々と交流する機会も多く、長崎にはいまも中国にゆかりのある建物や文化が受けつがれている。

◀人々が住む建物は2階建てで、船頭や商人などが上の階に、一般の船員たちが下の階でくらした。左の図にえがかれた宴会には、お金と引きかえに男性をもてなした遊女のすがたがある。唐人屋敷に出入りをゆるされた日本人は、役人と商人、遊女のみだった。
川原慶賀 画「唐蘭館絵巻、唐館図、唐人部屋遊女遊興図」長崎歴史文化博物館 蔵

▲長崎の伝統料理、卓袱料理。さまざまな料理が円卓にならべられ、多くの人で分け合って食べる。長崎の町で中国の人々がくらしていた時代に伝わった食文化がもとになったとされる。
写真提供：(一社) 長崎県観光連盟

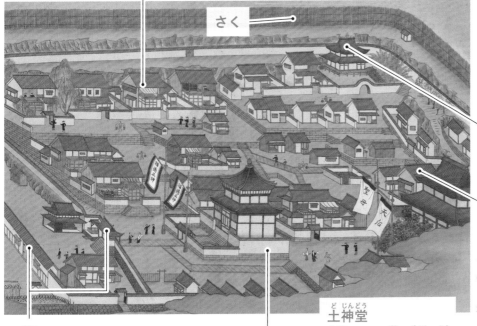

さく

観音堂
仏教で信仰される観音をまつる堂。

天后堂
航海の女神、天后(媽祖)をまつる堂。

◀唐人屋敷のようす。さくにかこまれ、外との出入りが自由にできないようになっている。
浦川菊市模写「唐人屋敷図」長崎歴史文化博物館 蔵

門
二重になっており、二つ目の門は役人でもかんたんには出入りできなかった。

土神堂
土神をまつる堂。土神は中国の土地を守り、豊かな実りをもたらすとされる神。

▲土神堂前の広場で、旧暦の正月におこなわれた、唐人屋敷にくらす人々による蛇踊りのようす。龍を複数の人であやつっている。
川原慶賀 画「唐蘭館絵巻、唐館図、唐人部屋遊女遊興図」長崎歴史文化博物館 蔵

▲長崎の伝統的な祭り、長崎くんちでおこなわれる龍踊り。龍を複数の人であやつり、町をねり歩く。中国の人々から教わったおどりがもとになったとされる。写真提供：長崎市

朝鮮との貿易と交流

第2章｜鎖国下の貿易と交流

豊臣秀吉による戦争をきっかけに国交が絶えていた朝鮮とは、対馬藩（長崎県）を通じて関係を修復し、貿易や文化の交流がさかんにおこなわれました。

◆国交が結ばれた唯一の国

江戸幕府を開いてすぐ、徳川家康は文禄・慶長の役で絶えていた朝鮮との国交を回復させようと、対馬藩の宗家に交渉をまかせました。日本本土と朝鮮半島のあいだにある対馬は、古くから日本と朝鮮をつなぐ役割を果たしていたからです。

交渉の結果、1607年に朝鮮からの使節が日本を訪れ、国交が回復しました。1609年には対馬藩と朝鮮とのあいだで己酉約条が結ばれ、貿易が再開しました。朝鮮からは将軍の代がわりのときなどに、朝鮮通信使とよばれる使節が派遣されるようになりました。朝鮮の釜山には倭館という日本人のくらす地区がもうけられ、対馬藩はこの倭館へ役人を派遣して朝鮮との外交や貿易にあたりました。

日本は朝鮮へ銀や銅などを輸出し、朝鮮からは木綿や絹織物、漢方の材料として使われる朝鮮人参などを輸入しました。朝鮮政府と対馬藩が直接貿易をおこなう以外にも、倭館を訪れた朝鮮の商人と対馬藩からつかわされた商人とのあいだでさかんに貿易がおこなわれました。また、倭館の役人や朝鮮通信使による、学問や芸術などの交流もさかんでした。

朝鮮の商人からの輸入品

1684年に、朝鮮の商人から輸入した品物の内訳とその価格。

◀朝鮮人参。にんじんの一種で、つかれやさまざまな病気にきく万能薬として古くからつかわれてきた。

総額：銀1405貫874匁

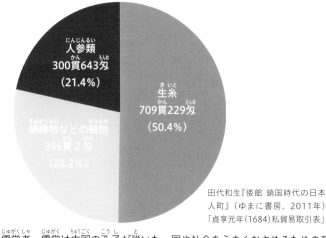

人参類
300貫643匁
（21.4%）

生糸
709貫229匁
（50.4%）

絹織物などの織物
396貫2匁
（28.2%）

田代和生『倭館 鎖国時代の日本人町』（ゆまに書房、2011年）「貞享元年（1684）私貿易取引表」

日本と朝鮮のかけ橋となった 雨森芳洲（1668~1755年）

ものしりばなし

近江国（現在の滋賀県）出身の雨森芳洲は、江戸時代中期に対馬藩につかえた儒学者[*1]です。長崎で中国語を、釜山の倭館で朝鮮語を学び、朝鮮へ使節として渡ったり、朝鮮通信使への対応にあたったりして、朝鮮との友好につくしました。その経験をもとに、隣国（朝鮮）との外交ではおたがいにだまさず、争わず、いつわりのない誠の心で交流することが大切だという「誠信之交隣」の考えを説きました。また、対馬に朝鮮語の通訳を育てる学校を開きました。

▲雨森芳洲の肖像画。芳洲会 蔵

＊1儒学者…儒学は中国の孔子が説いた、国や社会をうまくおさめるための教え。儒学者はそれを専門に研究したり、実践したりする人。

朝鮮通信使の道のりと交流

朝鮮通信使は、1607年から1811年まで計12回日本を訪れた。最初の3回は、文禄・慶長の役のときに日本に連れてこられた朝鮮の人々の帰国をかなえるためでもあった。朝鮮通信使の人々は各地でもてなしを受け、日本の人々と交流した。

▲江戸時代中期ごろにえがかれたとされる朝鮮通信使の行列。毎回数百人の対馬藩士たちが、通信使の人々を守るために江戸までつきそった。
「朝鮮国信使絵巻」長崎県対馬歴史研究センター 蔵

▶福山藩（広島県）が朝鮮通信使をもてなすために鞆の浦に建てた館、対潮楼で交流する日本と通信使の人々。
「鞆浦図并韓使応接図対潮楼石摺」
福山市鞆の浦歴史民俗資料館 蔵

漢城（現在のソウル）は朝鮮の首都。朝鮮通信使はここから江戸に向けて出発し、帰国後、国王に日本で見聞きしたことを報告した。

釜山の倭館では、対馬藩の役人をはじめ、商人や医者、通訳、朝鮮語を学ぶ留学生など、数百人の日本人がくらしていた。

12回のうち3回は日光（現在の栃木県日光市）まで足をのばし、徳川家康をまつる日光東照宮をもうでた。

漢城 1747年11月28日 出発

朝鮮

釜山 12月18日～1748年2月11日

府中 2月24日～3月16日

対馬

相島（藍島）4月1～2日

赤間関 4月4～5日

日本

津和 4月9日

牛窓 4月14日 鞆

4月16日～17日

兵庫 4月19日

京都 5月2日

彦根 5月5日 大垣 5月6日

名古屋 5月7日

浜松 5月11日

小田原 5月18日

日光

江戸 5月21日 到着

N

▲漢城を出発した使節は、1年近くかけて江戸とのあいだを往復した。通信使は役人を中心に、学者や医師、書家（書道の専門家）、画家などからなり、300～500人の大集団だった。西村毬子『日本見聞録にみる朝鮮通信使』をもとに作成

▲江戸城にやってきた朝鮮通信使。門の横には、虎の毛皮などの将軍への贈り物がならべられている。
「江戸図屏風」国立歴史民俗博物館 蔵

写真提供：新宮町立歴史資料館

▶三重県の伝統芸能、唐人踊り。朝鮮通信使のすがたをまねたものとされ、色あざやかな衣装を身につけた人々が、ラッパやたいこなどの伴奏に合わせて町をおどり歩く。
写真提供：一般社団法人津市観光協会

◀福岡藩（福岡県）が相島で朝鮮通信使をもてなしたときの料理の復元。通信使の通り道となった藩は、通信使をていねいにもてなすよう幕府から命じられていた。

琉球王国との交易

江戸時代、現在の沖縄県には琉球王国という王国がありました。琉球王国は江戸時代初期に薩摩藩(鹿児島県)の支配下に置かれ、日本と中国(明・清)をむすぶ交易の場となりました。

◆中国との窓口となった琉球王国

15世紀前半、沖縄島では3つに分かれていた国が統一され、琉球王国が誕生しました。琉球王国は奄美群島や八重山列島など周辺の島々を支配下におさめ、中国との朝貢貿易で手に入れた品物や、日本、朝鮮、東南アジアから一度輸入した品物を別の国へ輸出する、中継貿易で栄えました。

→P.7

1609年、琉球王国は薩摩藩に侵攻され、征服されました。幕府に琉球王国の支配を認められた薩摩藩は、政治や朝貢貿易を管理し、琉球王国を通じて中国の生糸などを手に入れました。また、米や特産品の砂糖を税としておさめさせたほか、王国内で生産された砂糖やウコン、織物などを安く買い取り、幕府やほかの藩に売って利益を得ました。

琉球王国が中国と国交がない日本の一部になると朝貢貿易をつづけられなくなるため、幕府は表向きは琉球王国を外国としてあつかいました。幕府の将軍が代がわりしたときには慶賀使が、琉球王国の国王が代がわりしたときには謝恩使とよばれる使節が琉球から江戸へ遣わされました。

→P.44 ②慶賀使・謝恩使の一覧

にぎわう首里と那覇港

琉球王国の首都、首里(現在の沖縄県那覇市)には王宮である首里城が建てられ、那覇港は船が行きかう交易の場として栄えた。中国との朝貢貿易は薩摩藩によって管理され、首里にも薩摩藩から多くの役人が派遣されていた。

▲爬龍船(サバニ)とよばれる漁船でおこなう沖縄県の伝統的なレース競技、ハーリー。
写真提供:那覇市

◀中国との朝貢貿易を終えて、帰ってきた琉球王国の船。当時、中国でつかわれていたジャンク船という木造の帆船と同じ形をしている。

▲首里城の正殿。日本と中国、両方の建築の影響が見られる建物だった。2019年、復元された建物が火災で焼失し、ふたたび復元への取り組みが進められている。写真提供:国営沖縄記念公園(首里城公園)

ハーリー

首里城

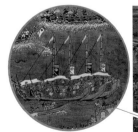

▲薩摩藩の役人が乗った船。旗に薩摩藩の藩主、島津氏の家紋である丸に十字の紋えがかれている。

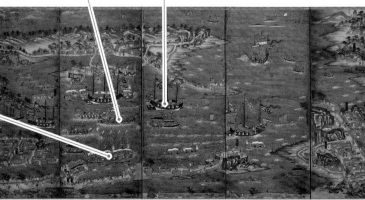

◀19世紀ごろの首里の町なみと那覇港のようすをえがいた屏風。
「琉球交易港図屏風」
浦添市美術館 蔵

＊1螺鈿細工…貝がらの光る部分をうすく切り出し、漆器などにはめこんでかざりつける技法。

琉球王国を行きかったものや人

薩摩藩と中国の品物を中継する交易の拠点となった琉球王国では、多くの品物や人、文化が行きかった。琉球王国は薩摩藩の支配を受けながら、中国との朝貢貿易をつづけた。

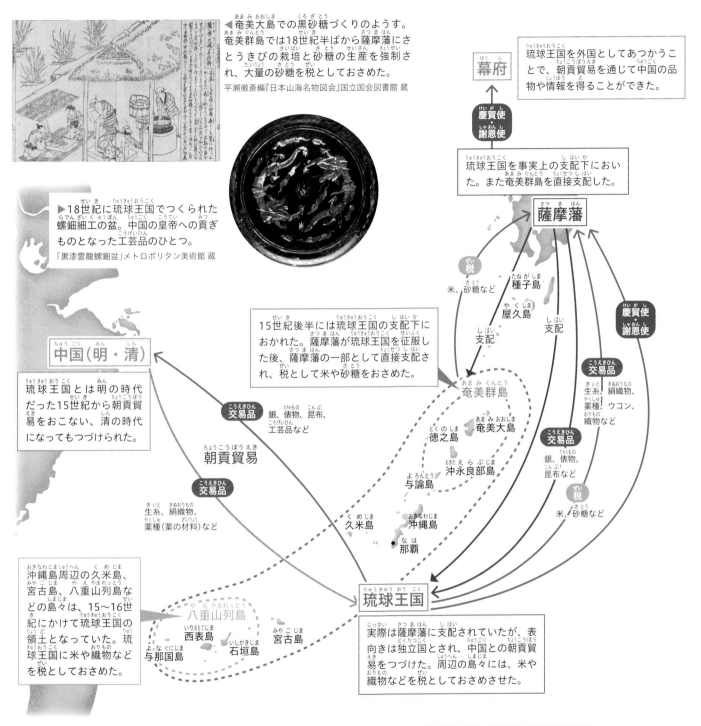

◀奄美大島での黒砂糖づくりのようす。
奄美群島では18世紀半ばから薩摩藩にさとうきびの栽培と砂糖の生産を強制され、大量の砂糖を税としておさめた。
平瀬徹斎編『日本山海名物図会』国立国会図書館 蔵

▶18世紀に琉球王国でつくられた螺鈿細工の盆。中国の皇帝への貢ぎものとなった工芸品のひとつ。
「黒漆雲龍螺鈿盆」メトロポリタン美術館 蔵

琉球王国を外国としてあつかうことで、朝貢貿易を通じて中国の品物や情報を得ることができた。

幕府

↑ 慶賀使 謝恩使

琉球王国を事実上の支配下においた。また奄美群島を直接支配した。

薩摩藩

15世紀後半には琉球王国の支配下におかれた。薩摩藩が琉球王国を征服した後、薩摩藩の一部として直接支配され、税として米や砂糖をおさめた。

奄美群島

種子島
屋久島

税 米、砂糖など
支配
支配

慶賀使・謝恩使

交易品 生糸、絹織物、薬種、ウコン、織物など

中国（明・清）

琉球王国とは明の時代だった15世紀から朝貢貿易をおこない、清の時代になってもつづけられた。

交易品 銀、俵物、昆布、工芸品など

朝貢貿易

交易品 生糸、絹織物、薬種（薬の材料）など

徳之島
奄美大島
沖永良部島
与論島

交易品 銀、俵物、昆布など

税 米、砂糖など

久米島
沖縄島
那覇

沖縄島周辺の久米島、宮古島、八重山列島などの島々は、15〜16世紀にかけて琉球王国の領土となっていた。琉球王国に米や織物などを税としておさめた。

八重山列島
西表島
与那国島
石垣島
宮古島

琉球王国

実際は薩摩藩に支配されていたが、表向きは独立国とされ、中国との朝貢貿易をつづけた。周辺の島々には、米や織物などを税としておさめさせた。

◀沖縄県の伝統芸能、組踊。音楽やおどりを取り入れたしばいで、中国からの使者をもてなすために1719年に演じられたのがはじまり。
写真提供：国立劇場おきなわ

◀琉球からの使節をえがいた江戸時代後期の浮世絵。幕府や薩摩藩は、自分たちが遠い外国まで支配していると人々に思わせるため、琉球使節に中国風の服装をするよう命じていた。「琉球人来朝之図」国立国会図書館 蔵

蝦夷地との交易

現在の北海道にあたる蝦夷地には、古くから独自の言語や文化をもつアイヌがくらしていました。江戸時代は松前藩（北海道）がアイヌとの交易を独占し、支配を強めていきました。

◆アイヌとの交易を独占した松前藩

江戸幕府が開かれたとき、蝦夷地の南西部は松前藩の領地でした。田畑が少なく、年貢*1となる米がとれなかったことから、徳川家康は松前藩にアイヌとの交易を独占し、その利益を得る権利をあたえました。アイヌの人々は以前から和人（本州の日本人）や、千島列島、樺太（サハリン）、中国大陸の人々との交易をおこなっていました。松前藩は本州産の米や木綿などを、蝦夷地でとれるサケや昆布、アイヌが交易で手に入れた毛皮などと交換し、利益を得ました。

しだいに和人がアイヌのくらす土地に侵入したり、アイヌに不利な条件で交易がおこなわれたりするようになると、アイヌの人々のあいだで不満が高まりました。17世紀後半にはアイヌの首長、シャクシャインが中心となって松前藩を相手に戦いをおこしました。この戦いに敗れた後、アイヌの人々は松前藩の強い支配のもとに置かれるようになりました。

大江戸新聞　　第4521号

ものしりばなし　江戸時代の大事件コラム　大江戸新聞

大江戸新聞社

松前藩に立ち向かった シャクシャインの戦い

1669年6月、シャクシャインをリーダーとして、各地のアイヌがいっせいに和人に戦いをしかけた。

おびやかされたアイヌのくらし

1630年代ごろから松前藩が交易の場所と相手を限定するようになり、アイヌの人々は自由な交易ができなくなった。また、和人にサケなどの蝦夷地の産物を安く買いたたかれたり、高く売れるタカや砂金を目当てに和人がアイヌのくらす地域に侵入してきたりして、アイヌの人々のあいだで不満が高まっていた。

各地のアイヌが団結

1667年にはアイヌどうしの争いをきっかけに、松前藩がアイヌを毒殺したといううわさが流れた。シベチャリ（現在の北海道の新ひだか町）地方のアイヌのリーダー、シャクシャインは、アイヌどうしで争うのはやめ、協力して松前藩を倒そうと全蝦夷地のアイヌによびかけた。1669年6月、各地のアイヌはいっせいに和人の拠点や商船を攻撃し、数百人の和人を殺した。

だましうちに倒れた シャクシャイン

幕府の命令を受け、松前藩は多くの兵を集めて反撃した。同年10月には和解が決まって宴会が開かれたが、和解はいつわりで、宴会の席でシャクシャインたちは殺された。この事件をきっかけに松前藩はアイヌを服従させ、アイヌより不利な条件で交易をおこなうようになった。

シャクシャイン（？〜1669年）
蝦夷地中のアイヌに結束をよびかけ、和人と戦った。

◀シャクシャインの戦いでは、各地でアイヌが和人を攻撃した。

榎森進編『アイヌの歴史と文化I』（創童舎、2003年）「シャクシャインの蜂起関係図」などをもとに作成

（蝦夷地／松前藩の領土／シベチャリ）

*1年貢…田畑などの土地に課される税。

松前藩とアイヌとの交易のしくみの変化

松前藩は、しだいにアイヌの人々の交易の自由を制限するようになった。

江戸幕府が開かれたころ

松前藩の管理のもと、松前城下でアイヌの人々と商人が取り引きをしていた。

松前藩（松前家）

↓ 城下での交易の管理

松前城下

商人 ⇄ 交易 ⇄ アイヌ

1630年代ごろ～

松前藩は蝦夷地をいくつもの地域に分け、家臣たちにそれぞれの地域で交易する権利をあたえた。アイヌは松前城下へ出ることを禁止され、その地域での交易の権利をもつ家臣とのみ交易した。

松前藩

松前城下

商人 ✕

場所Aで交易する権利 → 家臣A
場所Bで交易する権利 → 家臣B

家臣A ⇄ 交易 ⇄ アイヌ（場所A）
家臣B ⇄ 交易 ⇄ アイヌ（場所B）

アイヌの人々による交易

蝦夷地は、蝦夷地でとれた海産物や毛皮だけでなく、中国大陸や樺太、千島列島などの品物を本州にもたらす交易の窓口だった。なかには清（現在の中国）でつくられた蝦夷錦のように、多くの人の手を経て本州にわたった品物もあった。

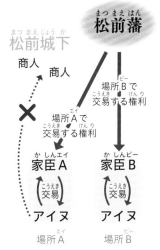
◀日本で蝦夷錦とよばれた絹の衣服。清の領土の北方でくらす山丹という民族が清との朝貢貿易（➡P.7）で手に入れ、交易を通じてアイヌにもたらされた。アイヌから松前藩を通じて、本州の大名などの手にもわたった。
「蝦夷錦」市立函館博物館 蔵

◀アイヌの女性が祭りのときなどに身につけた首かざり。山丹や本州からもたらされたガラス玉や鏡などからつくられた。
苫小牧市美術博物館 蔵

◀オオタカ。江戸時代に鷹狩りが人気となり、交易で多くのタカが本州へ運ばれたほか、蝦夷地へタカをもとめて進出する和人もあらわれた。
写真提供：大橋弘一写真事務所（有）ナチュラリー

▲昆布。ナマコなどの俵物（➡P.14）とともに北前船（➡3巻）で大量に本州へ運ばれ、中国への輸出品にもなった。

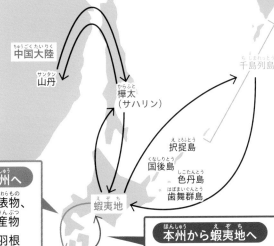
中国大陸
山丹（サンタン）
樺太（サハリン）
千島列島
択捉島
国後島
色丹島
歯舞群島
蝦夷地
本州

蝦夷地から本州へ
・干したサケや俵物、昆布などの海産物
・ワシやタカの羽根
・生きたタカ
・アザラシやラッコ、シカなどの毛皮
・蝦夷錦　　　など

本州から蝦夷地へ
・米　・木綿　・鉄器
・漆器　・ガラス玉
・鏡　・酒　・たばこ
　　など

▲シカの毛皮でつくった上着を身につけたアイヌ。蝦夷地やその北にある樺太などでとれた毛皮は本州でも高級品とされた。
写真提供：札幌市アイヌ文化交流センター

◀サケはアイヌの人々にとって貴重な食料だった。ほしたサケは交易品にもなり、米などと交換された。写真は北海道の白老町にあるウポポイ（民族共生象徴空間）での展示。
写真提供：公益財団法人 アイヌ民族文化財団

◀アイヌの人々が儀式のときにつかった漆塗りの椀。本州との交易で手に入れた。
「底高漆塗椀（アサマリイタンキ）」平取町立二風谷アイヌ文化博物館 蔵

27

第3章 外国の接近と開国

江戸時代末期の国際関係

日本が鎖国をつづけているあいだ、ヨーロッパ各国やアメリカ合衆国は急速に力をつけ、アジアへ積極的に進出するようになりました。19世紀半ばには日本も開国することになります。

◆外国の進出と江戸幕府の滅亡

日本が鎖国をつづけているあいだ、世界では大きな変化がおこっていました。18世紀後半にイギリスで産業革命が起こり、19世紀に入るとほかのヨーロッパの国々やアメリカ合衆国にも広がりました。これらの国々は産業の発展により力をつけ、商品を売ったり、材料を調達したりするため、アジアへ積極的に進出するようになります。

日本には18世紀末から沿岸に外国船が訪れるようになり、日本に国交をひらいて貿易をおこなう開国をせまりました。外国の勢力を受けいれるか、追い払うかで国内の意見が割れるなか、幕府は1854年にアメリカ合衆国と日米和親条約をむすんで開国しました。

外国との貿易がはじまると、社会や経済は大きく混乱しました。幕府への批判が高まり、天皇を尊び、外国の勢力を追い払おうとする尊王攘夷の考えが支持されるようになります。

幕府は朝廷とのつながりを強めて権力をにぎりつづけようとしますが、幕府を倒そうとする薩摩藩や長州藩などの討幕派におされ、1867年に政権を朝廷に返還しました。江戸幕府はほろび、天皇を中心とする新しい政府がひらかれました。

江戸時代末期のおもな国際関係

年	1792年	1804年	1808年	1825年	1837年	1839年	1842年	1853年	1854年	1858年	1860年	1862年	1863年	1864年
おもなできごと	●ロシアの使節ラクスマンが根室に来航。	●ロシアの使節レザノフが長崎に来航。	●イギリスの軍艦が長崎湾内に侵入するフェートン号事件がおこる。	●異国船打払令（無二念打払令）が発布される。	●アメリカ合衆国の商船が砲撃されるモリソン号事件がおこる。	●蛮社の獄がおこり、渡辺崋山や高野長英が処分される。	●天保の薪水給与令が発布される。	●アメリカ合衆国の使節ペリーが浦賀に来航。	●アメリカ合衆国と日米和親条約をむすぶ。	●アメリカ合衆国と日米修好通商条約をむすぶ。	●安政の大獄に反発した水戸藩の元藩士らが大老・井伊直弼を暗殺する桜田門外の変がおこる。	●文久の改革がおこなわれる。●薩摩藩士がイギリス人を殺傷する生麦事件がおこ る。	●八月十八日の政変がおこる。●薩英戦争がおこる。	●第一次長州戦争がおこる。●禁門の変（蛤御門の変）がおこる。●イギリス、フランス、アメリカ合衆国、オランダの4か国が長州藩を攻撃する四国艦隊下関砲撃事件がおこる。

28

ヨーロッパとアメリカ合衆国の進出

ヨーロッパの国々やアメリカ合衆国は、19世紀以降、産業革命によって力をつけ、アジアの国々を戦争などで服従させ、支配したり、強い影響力をもったりするようになった。

産業革命

産業の中心が農業から工業へ移り変わること。18世紀後半以降、イギリスでは蒸気などの動力を用いた機械の開発が進み、工場の機械でものが大量に生産されるようになった。19世紀以降、ほかのヨーロッパの国々やアメリカ合衆国でも進んだ。

◀1851年のロンドン万国博覧会に出品された、イギリス製の蒸気機関車。
The record of the International Exhibition, 1862. London: W. Mackenzie, [1862?]「博覧会―近代技術の展示場」(国立国会図書館)

アメリカ合衆国の成長

イギリスの植民地だったアメリカ合衆国は、1776年に独立を宣言した。19世紀半ばには、太平洋をはさんで向かい合う東アジアとの貿易をのぞむようになった。また、同じころ、国内で奴隷制をめぐる対立がはげしくなり、1861年には南北戦争がはじまった。

▲1853年には、アメリカ合衆国からペリーひきいる軍艦(黒船)が日本に来航し、開国をもとめた。上の図は明治時代にえがかれたもの。
月岡芳年 画「皇国一新見聞誌 浦賀亜船来航」メトロポリタン美術館 蔵

アヘン戦争

1840年におこった、アヘンの貿易をめぐる清(現在の中国)とイギリスの戦争。清が三角貿易でイギリスから密輸されていたアヘンの取りしまりを強めると、イギリスは戦争をしかけ、近代的な兵器を使って勝利をおさめた。清は香港島をゆずり渡す、上海など5つの港を開く、多額の賠償金を支払うなどの不平等条約をむすばされた。

イギリスによる三角貿易

18世紀には、イギリスは清から大量の茶を輸入し、大きな赤字をだしていた。そこで、支配下のインドで栽培させたアヘンを清に密輸し、大きな利益を得るようになった。

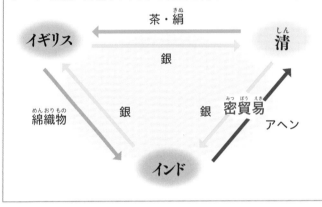

19世紀前半の世界

イギリスやフランスをはじめとするヨーロッパの国々は、インドや清など、アジアの大国にも影響力をもつようになった。また、アメリカ合衆国やロシアは領土を大きく広げた。

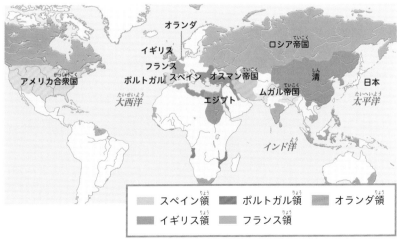

1866年	1867年	1868年	1869年	1871年
●第二次長州戦争がおこる。●薩摩藩と長州藩による薩長同盟が成立。	●民衆がおどりさわぐ「ええじゃないか」がおこる。●王政復古の大号令により、天皇を中心とした新政府の設立が宣言される。●18代将軍の徳川慶喜が朝廷に政権を返還する大政奉還をおこなう。	●江戸無血開城。●五箇条の御誓文が出される。●鳥羽・伏見の戦いがおこり、戊辰戦争がはじまる。	●五稜郭の戦いで旧幕府側が敗北し、戊辰戦争が終結。	●ヨーロッパの国々やアメリカ合衆国に岩倉使節団が派遣される。●廃藩置県がおこなわれる。

*1アヘン…けしの実からつくられる麻薬の一種。中毒性がある。

外国船の出現

18世紀末からロシアをはじめとする外国の船が日本に来航し、通商（貿易をすること）を要求したり、武力でおどしたりするようになりました。幕府は外国船への対応をせまられました。

◆外国船への対応に追われる幕府

18世紀末から、日本の沿岸に貿易の相手国ではない外国船がやってくるようになりました。ロシアからはラクスマンとレザノフがそれぞれ使節として来航し、貿易の許可をもとめました。幕府はロシアの要求を断るとともに、間宮林蔵などに蝦夷地や樺太（サハリン）の調査をさせ、松前藩（北海道）が領有していた蝦夷地を、一時的に幕府が直接支配する幕領としました。

1808年にはイギリスの軍艦が長崎の港に侵入する事件がおこります。その後、幕府は1825年に異国船打払令（無二念打払令）を出し、外国船を追い払うよう命じました。この命令を受け、1837年には来航したアメリカ合衆国の商船が砲撃されました。また、打払令を批判した蘭学者（西洋の学問の研究者）の渡辺崋山と高野長英が処罰される、蛮社の獄がおこりました。

しかし1842年に清（現在の中国）が戦争でイギリスにやぶれたことを知ると、幕府は異国船打払令をとり下げ、来航した外国船に燃料や水をあたえるよう命じた天保の薪水給与令を出しました。

北方領土の探検と支配

18世紀末から19世紀初めにかけて、幕府はロシアの侵略から蝦夷地や北方領土を守るため、探検や地図の作成を命じたり、蝦夷地を直轄地としたりした。ロシアとの関係が改善した後、1821年に蝦夷地は松前藩に返された。

最上徳内
（1755〜1836年）
1785年以降、蝦夷地や千島列島、樺太などに計9回渡り、アイヌの生活や言語についてくわしい記録を残した。

近藤重蔵
（1771〜1829年）
最上徳内とともに千島列島を探検。択捉島に日本の領土であることをしめす「大日本恵土呂府」の標識を建てた。

伊能忠敬
（1745〜1818年）
幕府の命を受けて1800年に測量をおこない、蝦夷地の地図を作成した。➡6巻

地図の見方

―― 最上徳内の行路（1786年）・近藤重蔵の行路（1798年）

―― 伊能忠敬の実測路（1800年）

―― 近藤重蔵の行路（1807年）

―― 間宮林蔵の第1回行路（1808年）

―― 間宮林蔵の第2回行路（1808〜09年）

間宮林蔵
（1780〜1844年）
蝦夷地や樺太を探検。シベリアの東岸と樺太のあいだに海峡があることを確認し、樺太が島であることを確かめた。この海峡はのちに間宮海峡と名づけられた。

東京書籍『新選 日本史B』「幕末の北方探検」をもとに作成

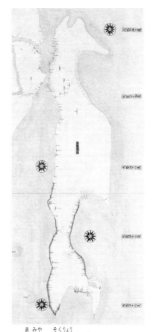

▲間宮の測量をもとにつくられた樺太の地図。樺太が島であることが示されている。

村上貞助・編『北夷分界余話 巻之1』国立公文書館 蔵

外国船の接近と幕府の対応

幕府は異国船打払令を出して外国船を排除しようとしたが、アヘン戦争で清がイギリスにやぶれたことを知ると、すぐに打払令を廃止した。

年	できごと　＊できごとと関係のある国を冒頭に示した。
1792年	**ロシア ラクスマン来航** ロシアの使節ラクスマンが、漂流してロシアに渡った日本人、大黒屋光太夫を連れて根室(現在の北海道根室市)に来航。通商をもとめるが幕府は拒否し、長崎で交渉すると伝える。
1804年	**ロシア レザノフ来航** ロシアの使節レザノフが長崎に来航し通商をもとめたが、幕府は拒否した。レザノフは仕返しとして、部下に1806年と1807年に樺太と択捉島を攻撃させた。
1808年	**イギリス フェートン号事件** イギリスの軍艦フェートン号が敵対するオランダ船を追って長崎湾内に侵入。燃料や水、食料を強要して去った。
1811年	**ロシア ゴロウニン事件** 千島列島を測量していたロシア軍艦長のゴロウニンが幕府の役人によってとらえられる。ロシアにとらえられていた高田屋嘉兵衛の尽力でゴロウニンは1813年に釈放され、帰国。嘉兵衛も日本に帰国。
1824年	**イギリス イギリス船員の大津浜上陸** イギリス船員が大津浜(現在の茨城県北茨城市)に上陸し、燃料や水、食料を要求。水戸藩は船員をとらえたのち、燃料などをあたえて船に帰した。 **イギリス イギリス船員の宝島上陸** イギリス船の船員が宝島(現在の鹿児島県の十島村)に上陸。島の牛をうばった船員を薩摩藩の役人が射殺した。
1825年	**異国船打払令(無二念打払令)発布**
1837年	**アメリカ モリソン号事件** アメリカの商船、モリソン号が日本人の漂流民を帰国させ、通商を開くために浦賀(現在の神奈川県横須賀市)に来航。日本側は異国船打払令をもとに砲撃し、船を撤退させた。
1839年	**蛮社の獄** モリソン号事件での幕府の対応を批判した渡辺崋山、高野長英らが罰せられる。 **渡辺崋山** **(1793〜1841年)** 田原藩(愛知県)の藩士、蘭学者、画家。『慎機論』を著して幕府の政策を批判したため、蛮社の獄で処罰された。その後自殺。 椿椿山 画「渡辺崋山像」田原市博物館 蔵
1842年	**アヘン戦争終結 ➡P.29** **天保の薪水給与令発布**
1846年	**アメリカ** アメリカ合衆国の軍人ビッドルが浦賀に来航。通商をもとめるが幕府は拒否する。

▲レザノフらの乗ったロシア船が、長崎へ来航する場面をえがいた絵巻の一部。「ロシア使節レザノフ来航絵巻」東京大学史料編纂所 蔵

高田屋嘉兵衛
(1769〜1827年)
淡路島(現在の兵庫県)出身の商人。北前船の船主で、ゴロウニンが日本にとらえられた翌年の1812年、国後島付近でロシア船にとらえられた。関係が悪化していたロシアと幕府のあいだに立ち、ゴロウニン釈放の交渉を成功させた。

▲函館市にある高田屋嘉兵衛の銅像。

異国船打払令(一部、要約)
どこの海岸でも外国船が近づいてくるのを見たら、その場にいる人々でとにかく打払い、逃げたら追う必要はないが、もし強硬に上陸しようとしたなら、とらえたり、殺したりしてもかまわない。……見分けがつきにくいオランダ船を万が一誤って打払っても、罪に問うことはないので、二念なく(よけいなことを考えず)打払いを心がけること。

天保の薪水給与令(一部、要約)
…外国の者でも悪天候にあい、漂流して食料や燃料、水をもとめるためにやってきたとき、その事情もわからないのに、ひたすら打払っては諸外国に対する対応とも思われない。……外国船とわかったら、食料や燃料、水が不足して帰国できないようであれば、望む品物を適当にあたえて帰国するよう説得し、上陸はさせないようにすること。

開国と不平等条約の締結

幕府は何度も開国の要求を退けてきましたが、軍艦を引きつれてやってきたアメリカ合衆国の軍人、ペリーの圧力に屈し、1854年にとうとう開国を決めました。

◆200年以上つづいた鎖国をやめる

1853年、浦賀（現在の神奈川県横須賀市）にペリーが来航しました。ペリーは幕府に開国をもとめる大統領の国書（手紙）をさし出し、翌年回答することを約束させました。幕府はそれまで幕府の内部だけで外交問題に対応してきましたが、この要求について朝廷に報告し、大名たちにも意見をもとめました。これをきっかけに、朝廷や大名の意見が力をもつようになりました。

国内の意見がまとまらないなか、1854年にペリーがふたたび来航すると、幕府は日米和親条約をむすんでアメリカ合衆国との国交を開きました。鎖国の時代は終わり、日本は開国することになりました。

1858年に清（現在の中国）がイギリス・フランス連合軍に戦争でやぶれると、大老・井伊直弼は、朝廷の許可を得ないまま日米修好通商条約をむすびました。その後、オランダやロシアなどの国々とも同様の通商条約をむすび、各国に日本での貿易を認めました。これらの条約は、日本に不利な内容の不平等条約でした。

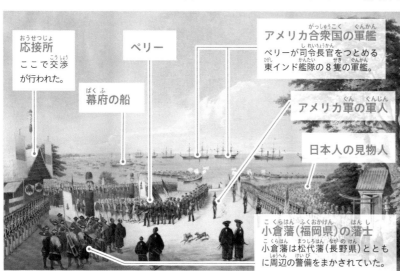

大江戸新聞　第6113号

ものしりばなし
江戸時代の大事件コラム

大江戸新聞

日米和親条約締結される

ペリーがやってきた！

1853年6月、ペリーが4隻の艦隊（黒船）をひきいて浦賀へやってきた。アメリカ合衆国は、捕鯨や清との貿易をおこなうときに、日本を燃料などを補給する中継地にしようと考え、開国をもとめていた。

1846年には同じアメリカ合衆国の軍人ビッドルが来航して開国をもとめたが、失敗していた。

ペリーは最初の来航では将軍に面会を拒否され、国書をわたして帰国したが、約7か月後の1854年1月、ふたたび浦賀に来航した。今度は7隻（その後2隻が合流）の軍艦をひきつれ、幕府に強い圧力をかけた。横浜を交渉の場とすることが決まり、約1か月の交渉の末、日米和親条約が締結された。

強い圧力を受け条約をむすばされた

◀1854年2月10日、ペリーたちが横浜に上陸し、交渉に向かうところ。
ウィルヘルム・ハイネ 画「ペリー提督の横浜上陸」
National Portrait Gallery, Smithsonian Institution; gift of August Belmont IV

大江戸新聞社

応接所
ここで交渉が行われた。

ペリー

幕府の船

アメリカ合衆国の軍艦
ペリーが司令長官をつとめる東インド艦隊の8隻の軍艦。

アメリカ軍の軍人

日本人の見物人

小倉藩（福岡県）の藩士
小倉藩は松代藩（長野県）とともに周辺の警備をまかされていた。

＊1関税…輸入品にかける税。外国から安い品物が大量に輸入されると、国内産の品物が売れなくなる。そのため関税をかけて価格を調整する。

＊2遊郭…遊女とよばれる女性が、お金と引きかえに男性をもてなす場所。

2つの不平等条約

幕府がアメリカ合衆国とのあいだでむすんだ日米和親条約と日米修好通商条約は、日本側に不利な条件がふくまれた不平等な条約だった。

	日米和親条約	日米修好通商条約
調印の年月日	1854年3月3日	1858年6月19日
アメリカ合衆国の責任者	ペリー	ハリス
おもな内容	日米の友好 下田と箱館(函館)の開港 この2港には、アメリカ合衆国の船が燃料や水、食料など不足しているものを調達するときのみ来航をゆるし、貿易は許可しなかった。 漂着したアメリカ合衆国の乗組員の救助 アメリカ合衆国に片務的最恵国待遇をあたえる **不平等** 最恵国待遇は、条約や協定をむすぶとき、相手の国に対して、もっとも恵まれた条件をあたえた国(最恵国)と同じあつかいをすること。アメリカ合衆国は日本に最恵国待遇をあたえなかったため、片務的(片方にのみ義務がある)な内容だった。 下田にアメリカ合衆国の領事を置くことを認める 領事は、外国に駐在して自国の国民を保護したり、自国と駐在国との貿易を進めたりする役割をもつ外交官。	神奈川、長崎、新潟、兵庫の開港 神奈川港を開いた後、下田港は閉鎖するとされた。実際には神奈川港のかわりに横浜港が、兵庫港のかわりに神戸港が開かれた。 開港地にアメリカ人がくらす居留地をもうける 江戸と大坂(大阪)での貿易の許可(開市) この2都市は、取り引きをするあいだだけアメリカ人の滞在がゆるされた。 自由貿易 両国の国民は役人などを通さず、品物を自由に売買できるとされた。 日本は関税自主権がない **不平等** 日本だけで関税を決めることができない(自主権がない)ため、安い輸入品が出回り、国内の産業の発展がさまたげられた。 *1 外国と日本の貨幣は同じ種類、同じ量でつかうことができる 開港の後、約1年間は、外国の貨幣を日本の貨幣に両替することができるとされた。日本と外国では金と銀の価値が異なっていたため、日本から金が大量に持ち出された。→P.35 アメリカ合衆国に領事裁判権を認める **不平等** 領事裁判権は、領事がその国で罪をおかした自国民を自国の法律で裁くことができる権利。領事が自国民に有利な判決を下すこともあり、日本側の被害が大きくても軽い罰で済まされることがあった。
ほかの国への対応	イギリス、ロシア、オランダとも同様の条約を締結。	オランダ、ロシア、イギリス、フランスとも同様の条約を締結。アメリカ合衆国と合わせて安政の五か国条約とよばれる。

開かれた港と町

条約にもとづき、各地で港や市が開かれた。港には港湾施設が整えられ、関税にかかわる事務をおこなう運上所や、外国人のくらす外国人居留地がもうけられた。

箱館
開港：1854年3月

新潟
開港：1868年11月

大坂
開市：1867年12月

神戸
開港：1867年12月

長崎
開港：1854年8月

下田
開港：1854年3月
閉鎖：1859年12月

江戸
開市：1868年11月

横浜
開港：1859年6月

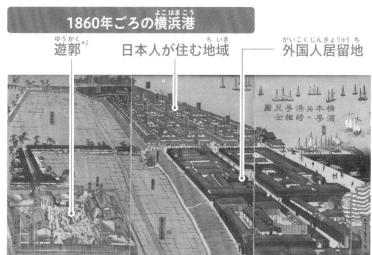

1860年ごろの横浜港

遊郭 *2 ／ 日本人が住む地域 ／ 外国人居留地

▲日本人と外国人が住む地区は、はっきりと分けられた。
歌川貞秀 画「横浜本町并ニ港崎町細見全図」アムステルダム国立美術館 蔵

開港の影響

江戸時代末期の日本では、通商条約をむすんだ欧米各国との貿易がはじまり、国内の経済や人々のくらしは大きな影響を受けました。

◆外国との貿易がはじまる

外国との貿易は、イギリスをおもな相手国、横浜港をおもな港としてはじまりました。日本には関税自主権がなかったため、外国から安い綿織物 →P.33 などが大量に輸入され、国内の綿花栽培などの産業が大きな打撃を受け、衰退しました。また、輸出による物不足をきっかけに、米をはじめとする生活必需品が値上がりし、人々の生活は苦しくなりました。一方、輸出入品の売買で大きな利益を得る商人もあらわれました。

開港した当初は、日本と外国で金に対する銀の価値に違いがあったことから、日本の小判（金貨）が外国に大量にもち出されました。幕府は小判を改鋳*1 し、小判1枚あたりの金の量を減らして金の流出を防ぎましたが、小判の価値が下がったことでものの値段が上がり、経済は混乱しました。

幕府への不満が高まるなか、生活の改善をもとめる一揆や打ちこわし、「ええじゃないか」とよばれるさわぎが各地でおこりました。

江戸時代末期の貿易

鎖国のもとでは、出島などの限られた場所で、限られた種類や量が取り引きされていたが、日米修好通商条約をきっかけに外国に港が開かれ、自由な貿易がはじまった。

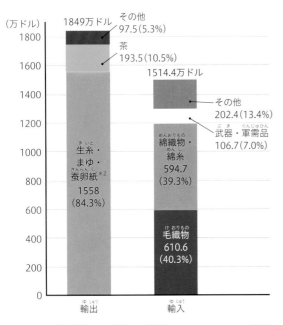

1865年の日本のおもな輸出入品

（万ドル）

輸出 1849万ドル
- その他 97.5（5.3%）
- 茶 193.5（10.5%）
- 生糸・まゆ・蚕卵紙*2 1558（84.3%）

輸入 1514.4万ドル
- その他 202.4（13.4%）
- 武器・軍需品 106.7（7.0%）
- 綿織物・綿糸 594.7（39.3%）
- 毛織物 610.6（40.3%）

▲おもな輸出品は、鎖国下で生産がさかんになった生糸だった。外国からは、産業革命（→P.29）によって機械で大量に、安くつくることができるようになった毛織物や綿織物が輸入された。
石井孝『幕末貿易史の研究』（日本評論社、1944年）「慶応元（1865）年全国主要輸出品」をもとに作成

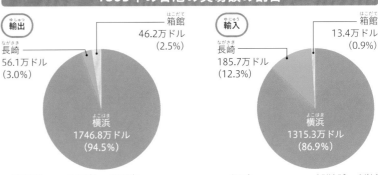

1865年の各港の貿易額の割合

輸出
- 箱館 46.2万ドル（2.5%）
- 長崎 56.1万ドル（3.0%）
- 横浜 1746.8万ドル（94.5%）

輸入
- 箱館 13.4万ドル（0.9%）
- 長崎 185.7万ドル（12.3%）
- 横浜 1315.3万ドル（86.9%）

▲貿易額は、輸出額と輸入額の合計。1865年に開港していたのは横浜港、長崎港、箱館港の3港。そのうち、日本のおもな輸出品だった生糸の大部分をあつかっていた横浜港が海外との貿易の中心となっていた。
石井孝『幕末貿易史の研究』（日本評論社、1944年）「幕末各港貿易額其二」をもとに作成

1865年の貿易相手国別貿易額の割合（横浜港）

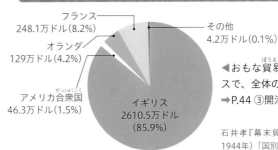

- フランス 248.1万ドル（8.2%）
- オランダ 129万ドル（4.2%）
- アメリカ合衆国 46.3万ドル（1.5%）
- その他 4.2万ドル（0.1%）
- イギリス 2610.5万ドル（85.9%）

◀おもな貿易相手国だったのはイギリスで、全体の8割以上をしめていた。→P.44 ③開港後の貿易額と貿易相手国
石井孝『幕末貿易史の研究』（日本評論社、1944年）「国別横浜貿易額」をもとに作成

＊1改鋳…金属でつくられた貨幣の重さや、貨幣に含まれる金銀などの割合を変えること。
＊2蚕卵紙…かいこの卵が産みつけられた厚紙。

開港したころの日本では、金に対する銀の価値が外国の約3倍あった。この価値の違いから、開港直後は日本の金貨が大量に外国へもち出された。

金の流出のしくみ

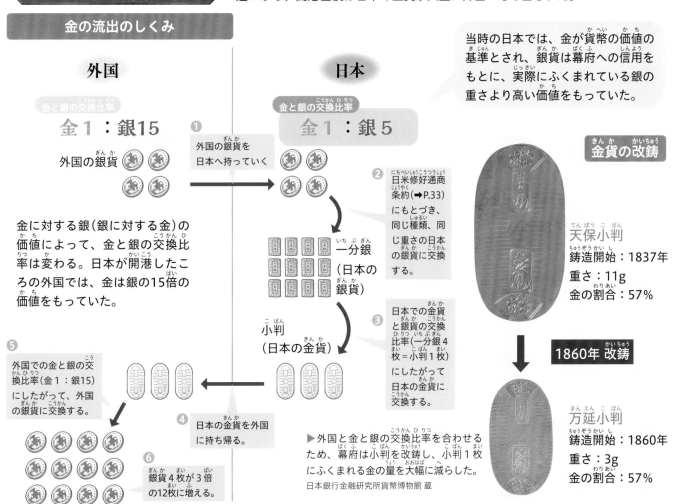

外国

金と銀の交換比率
金1：銀15

外国の銀貨

金に対する銀（銀に対する金）の価値によって、金と銀の交換比率は変わる。日本が開港したころの外国では、金は銀の15倍の価値をもっていた。

⑤ 外国での金と銀の交換比率（金1：銀15）にしたがって、外国の銀貨に交換する。

⑥ 銀貨4枚が3倍の12枚に増える。

① 外国の銀貨を日本へ持っていく

日本

金と銀の交換比率
金1：銀5

② 日米修好通商条約（→P.33）にもとづき、同じ種類、同じ重さの日本の銀貨に交換する。

一分銀（日本の銀貨）

小判（日本の金貨）

③ 日本での金貨と銀貨の交換比率（一分銀4枚＝小判1枚）にしたがって日本の金貨に交換する。

④ 日本の金貨を外国に持ち帰る。

▶外国と金と銀の交換比率を合わせるため、幕府は小判を改鋳し、小判1枚にふくまれる金の量を大幅に減らした。
日本銀行金融研究所貨幣博物館 蔵

当時の日本では、金が貨幣の価値の基準とされ、銀貨は幕府への信用をもとに、実際にふくまれている銀の重さより高い価値をもっていた。

金貨の改鋳

天保小判
鋳造開始：1837年
重さ：11g
金の割合：57%

1860年 改鋳

万延小判
鋳造開始：1860年
重さ：3g
金の割合：57%

生活必需品の値上がり

日本のおもな輸出品だった生糸や茶は、商人が買い占めたことで国内に出まわる量が減り、値段が上がった。それとともに米や菜種油などの生活必需品も値上がりした。小判の改鋳によってものの値段はさらに上がり、人々の不満が高まった。

幕末の物価（ものの価格）の変化
→P.45 ④幕末の物価の変化

（グラフ）
凡例：米、大豆、菜種油
＊1855年の菜種油、1861年の米はデータなし。

1030.8
742.3
561.9

縦軸：100, 200, 400, 600, 800, 1000, 1200
横軸：1854 1856 1858 1860 1862 1864 1866 1868（年）

▲1867年から各地へ広がった民衆のおどり、「ええじゃないか」。東海道の宿場町で天から伊勢神宮などの札がふってきたとして、人々が「ええじゃないか」とはやしながら、集団でおどるさわぎがおこったのがはじまりとされる。
落合芳幾 画「豊饒御蔭参之図」東京都立中央図書館特別文庫室 蔵

◀大坂（大阪）での統計をもとに、1854年の価格を100としてあらわしたもの。開港や小判の改鋳の後、米などの物価が大きく上昇している。
三和良一・原朗 編『近現代日本経済史要覧』（東京大学出版会、2007年）「安政以後における主要商品の価格（大阪）」をもとに作成

尊王攘夷運動の高まり

開国後、幕府のなかで政治や外交の方針をめぐる争いがはげしくなり、弾圧や暗殺などの事件がおこりました。

◆幕府を動かした尊王攘夷派の活動

日本の開国が決まったころ、幕府では将軍のあとつぎや、政治や外交のありかたなどをめぐって一橋派と南紀派が対立していました。南紀派の井伊直弼が大老になると、井伊は徳川慶福（のちの14代将軍・家茂）を次の将軍に定め、朝廷の意見を無視して日米修好通商条約をむすびました。→①巻
→P.32

幕府の対応に対して、天皇を尊ぶ尊王論や、外国の勢力を日本から追い出そうと考える攘夷論が支持されるようになりました。この2つは尊王攘夷とよばれる考えとしてまとまり、幕府への反対運動がさかんになりました。

そこで井伊は幕府を批判した吉田松陰をはじめ、尊王攘夷派の大名や公卿（貴族）、藩士をきびしく処罰しました。この安政の大獄とよばれる事件に反発した水戸藩（茨城県）の元藩士たちは、1860年に井伊を暗殺しました（桜田門外の変）。

井伊の暗殺後、幕府は朝廷（公）と幕府（武）の関係を深めることで権威を取りもどそうとする公武合体の政策をとり、天皇の妹である和宮を将軍・家茂の妻にむかえました。

将軍のあとつぎをめぐる対立

13代将軍・家定は病弱で子がなかった。家定のあとつぎを一橋慶喜（のちの15代将軍・徳川慶喜）と徳川慶福のどちらにするかという問題を中心に、幕政（幕府による政治）や外交をめぐって一橋派と南紀派が対立した。

一橋慶喜
一橋徳川家・当主
一橋徳川家は御三卿（➡1巻）のひとつ。水戸藩徳川家の前藩主・徳川斉昭の七男として生まれ、一橋家の養子となった。1858年時点で22歳。

↑支持

徳川慶福
紀州藩徳川家・藩主
紀州藩徳川家は御三家（➡1巻）のひとつ。家定のいとこにあたる。1858年時点で13歳。

↑支持

井伊直弼
（1815〜1860年）
彦根藩井伊家に生まれ、1850年に藩主となった。井伊家は徳川家康につかえた井伊直政を初代とする親藩大名で、幕政に大きな影響力をもっていた。

井伊直安 画「井伊直弼画像」大滋山 豪徳寺

一橋派	対立	南紀派
松平慶永（越前藩主）、島津斉彬（薩摩藩主）、徳川斉昭（前水戸藩主）、山内豊信（土佐藩主）、伊達宗城（宇和島藩主）などの雄藩（強い勢力をもつ藩、➡1巻）の大名	おもな支持者	井伊直弼（彦根藩主）などの譜代大名、大奥（➡1巻）
今は国内外で多くの問題が発生しているので、優秀な者が将軍になるべき。	将軍のあとつぎについての考え	将軍と血統が近い者が次の将軍になるという慣習を守るべき。
幕政を改革し、外様大名をふくめ雄藩の大名が幕政に参加できるようにする。	幕政のありかたについての考え	今まで通り譜代大名などが中心となって幕政をおこなう。
反対。攘夷を実行する。	日米修好通商条約の締結についての考え	賛成。開国をすすめる。

＊越前藩（福井県）薩摩藩（鹿児島県）土佐藩（高知県）宇和島藩（愛媛県）彦根藩（滋賀県）

安政の大獄による弾圧

安政の大獄では、100人近くの人々が処罰された。水戸藩の元藩士たちは、幕府の改革のためには井伊を殺さなくてはならないと考え、井伊を暗殺した。

安政の大獄による処分

永蟄居（亡くなるまで自宅や一定の場所に閉じ込めて謹慎させる）
青蓮院宮（皇族）
徳川斉昭 など

隠居・謹慎
一橋慶喜　松平慶永　山内豊信
伊達宗城 など

辞官（官職をやめる）
・落飾（出家して僧になる）・謹慎
近衛忠煕（公卿・左大臣）
鷹司輔煕（公卿・右大臣）など

死罪
安島帯刀（水戸藩家老）
茅根伊予之介（水戸藩士）
鵜飼吉左衛門（水戸藩士）
鵜飼幸吉（水戸藩士）
橋本左内（福井藩士）
吉田松陰（長州藩士、学者）
頼三樹三郎（学者）など

獄死
梅田雲浜（元小浜藩士）など

＊福井藩（福井県）長州藩（山口県）小浜藩（福井県）

橋本左内
（1834〜1859年）
大坂で緒方洪庵に蘭学（西洋の学問）や医学を学び、江戸で西郷隆盛（→P.39）らと交流。藩の改革に力をつくした。

島田墨仙原 画「橋本左内肖像画」福井市立郷土歴史博物館 蔵

吉田松陰
（1830〜1859年）
江戸で洋学（西洋の学問）を学ぶ。アメリカ合衆国への密航をくわだてて失敗し、とらえられたのち、萩（現在の山口県萩市）の松下村塾で高杉晋作や木戸孝允、伊藤博文などを育てた。

「吉田松陰像」山口県文書館 蔵

桜田門外の変

元水戸藩士たち
17名の元水戸藩士と、1名の元薩摩藩士が井伊をおそった。計画に加わった藩士たちは、藩にめいわくがかからないよう、藩をぬけてから井伊をおそった。

彦根藩士たち
護衛や駕籠かきの者などが多数いたが、井伊を守ることはできなかった。

▲井伊をおそった元水戸藩士のひとり、蓮田市五郎が、事件後、処刑される前にえがいた桜田門外の変のようす。事件後、生き残った元水戸藩士たちは、ほとんどが自害するか処刑されるかした。
蓮田市五郎 画「桜田門外之変図」茨城県立図書館 蔵

桜田門
江戸城の内堀につくられた門。

首を落とされる井伊直弼
当日は旧暦3月3日で、井伊は上巳の節句（桃の節句）をいわうため、大雪のなか、駕籠で江戸城へむかっていた。

公武合体運動

当時の天皇、孝明天皇は幕府に攘夷を強くもとめていたため、井伊が朝廷のゆるしを得ず日米修好通商条約をむすぶと、朝廷と幕府の関係は悪化した。井伊の暗殺後に老中となった安藤信正は公武合体の政策を進めたが、1862年に水戸藩の元藩士たちに傷つけられ、老中をしりぞいた。

・尊王攘夷派の勢力をおさえたい。
・幕府の権威を回復したい。

幕府
老中・安藤信正

攘夷を実行すると約束。 →

← 和宮を家茂の妻にすることを認める。

朝廷
孝明天皇
公卿・岩倉具視ら

・幕府に攘夷を実行して、外国の勢力を日本から追い出してほしい。
・日米修好通商条約を破棄してほしい。

江戸幕府の滅亡

第3章　外国の接近と開国

約260年間つづいた江戸幕府は、幕府内外での対立がはげしくなるなか、朝廷に政権を返還したことで終わりをむかえました。

◆倒幕をめざす薩長同盟がむすばれた

1862年、幕府は公武合体を支持する薩摩藩(鹿児島県)藩主の父・島津久光の要求をうけ、文久の改革とよばれる幕政改革をおこないました。

一方、京都では尊王攘夷運動の中心だった長州藩(山口県)が朝廷にはたらきかけ、幕府に攘夷の実行を約束させました。下関海峡を通る外国船を砲撃するなど、長州藩の過激な行動を恐れた幕府は、朝廷を説得して長州藩を京都から追放し、武力でしたがわせました。また、長州藩は砲撃の報復として外国の艦隊に攻撃を受け、下関の砲台を占拠されました。

同じころ、長州藩を京都から追い出すことに協力した薩摩藩でも、藩士がイギリス人を殺した生麦事件をきっかけに、領土をイギリスの艦隊に砲撃される薩英戦争がおこりました。

欧米の強さを実感し、攘夷は不可能だと知った長州藩の木戸孝允(桂小五郎)や薩摩藩の西郷隆盛、大久保利通は、それぞれ藩の中で権力をにぎり、藩の方針を倒幕(幕府を倒すこと)へと変えていきました。長州藩と薩摩藩は幕府を倒し、欧米に負けない国づくりをめざすため、1866年に薩長同盟をむすびました。

文久の改革

開国後の混乱をおさめるため、幕府の改革をもとめていた一橋派(→P.36)の大名を新しい幕府の役職に任命したり、オランダへ留学生を派遣したりするなどの改革が進められた。

人事
●幕府の人事を改める
将軍後見職(将軍を補佐する)
　一橋家・一橋慶喜
政治総裁職(幕府の政務をまとめる)
　越前藩主・松平慶永
京都守護職(京都の守護にあたる)
　会津藩主・松平容保

政治
●参勤交代(→1巻)の制度を緩和する
大名が原則1年おきに江戸でくらしていたところを、3年に1度とし、江戸にいる期間も一度につき100日とした。また、江戸でくらしていた大名の妻子の帰国を許可した。

軍事
●西洋の軍事制度を導入する
西洋式の陸軍を設置。陸軍奉行をもうけて管理させた。
●オランダへ留学生を派遣する
オランダに軍艦の製造と留学生の派遣を依頼した。留学生は1862年に長崎を出発し、海軍の技術や西洋の医学などを学んだ。

学問
●蕃書調所を洋書調所に改める
●西洋医学所を医学所に改める
蕃書調所は洋学(西洋の学問)の研究や教育をおこなう機関。西洋医学所は幕府直轄の医学校。海外の学問や文化の調査・研究、教育に力が入れられた。

▶洋書調所で翻訳された、外国の新聞をまとめた書籍。
『官板海外新聞別集(文久二年九月刊)』国立国会図書館 蔵

◀オランダへの留学生たち。幕府の海軍の訓練所に所属していた榎本武揚(写真後列左から3番目、→P.41)もいた。
「文久年間和蘭留学生一行の写真」国立国会図書館 蔵

薩長同盟がむすばれるまで

薩摩藩は公武合体を、長州藩は尊王攘夷をそれぞれ支持し、敵として戦ったこともあったが、倒幕という大きな目的のために協力することになった。

薩摩藩

長州藩

1862年

●寺田屋事件
尊王攘夷派の薩摩藩士が、公武合体を支持する島津久光の命令で殺傷された。

●島津久光が江戸へ向かい、幕府に文久の改革を要求

●生麦事件
江戸から帰国する島津久光の行列が、生麦(現在の神奈川県横浜市)でイギリス人4人と遭遇。薩摩藩士たちがイギリス人の無礼をとがめ、1人を殺し、2人に重傷を負わせた。

1863年

●薩英戦争
生麦事件の犯人引き渡しと賠償金の支払いに応じない薩摩藩に対し、イギリスの艦隊が領土を砲撃。薩摩藩は市街を焼失するなど、大きな損害をだした。和平の成立後、薩摩藩はイギリスから軍艦や武器を購入するなど、イギリスとのむすびつきを強めた。

●長州藩による外国船砲撃
下関海峡を通ろうとしたアメリカ、フランス、オランダの船を砲撃。砲台を強化して下関海峡を封鎖した。

●長州藩士・高杉晋作が奇兵隊を編成
奇兵隊は長州藩の正規の軍隊とは異なり、武士だけではなく農民、町人からも有志をつのって結成された。第二次長州戦争などで活躍。

●八月十八日の政変
旧暦8月18日、公武合体を支持する薩摩藩と会津藩、公家(貴族)が朝廷を動かし、尊王攘夷派の長州藩や三条実美などの公家を京都から追放。

●池田屋事件
京都の旅籠(宿屋)・池田屋で、長州藩など尊王攘夷派の人々が新選組に襲撃された。新選組は京都の取りしまりにあたった浪人の集団。

1864年

●禁門の変(蛤御門の変)
池田屋事件をきっかけに、兵をひきいて京都にやってきた長州藩の尊王攘夷派を、薩摩藩や会津藩などの軍がやぶった。

●第一次長州戦争
幕府は禁門の変で朝廷を攻撃した長州藩を攻めるよう、各地の藩によびかけて兵を集めた。長州藩では、同時期に四国艦隊下関砲撃事件がおこったこともあり、幕府に謝罪して、戦わずに降伏した。薩摩藩の西郷隆盛は、幕府側として長州藩の説得にあたった。

●四国艦隊下関砲撃事件
1863年の長州藩による外国船砲撃への報復として、イギリス、フランス、アメリカ合衆国、オランダの4か国の艦隊が下関の砲台を攻撃。その後、長州藩では幕府寄りの勢力である保守派が力をにぎった。

●高杉晋作が兵をあげ、藩の政権を保守派からうばい返す

1865年

●長州藩が倒幕の準備を進める
倒幕をめざす高杉や木戸孝允のもと、長州藩は幕府に対抗するようになった。薩摩藩は土佐藩出身の坂本龍馬を通じて、西洋の近代的な武器を長州藩がひそかに購入できるようにした。

1866年

●薩長同盟が成立
坂本龍馬らの仲介で、薩摩藩の西郷隆盛と小松帯刀、長州藩の木戸孝允が会見し、薩長同盟がむすばれた。

協力して幕府を倒すことを約束。

薩長同盟

薩摩藩 ═══ **同盟** ═══ **長州藩**

大久保利通
(1830～1878年)
「近代日本人の肖像」
(国立国会図書館)

西郷隆盛
(1827～1877年)
「近代日本人の肖像」
(国立国会図書館)

──仲介──

坂本龍馬
(1835～1867年)
「近代日本人の肖像」
(国立国会図書館)

──仲介──

木戸孝允
(1833～1877年)
「近代日本人の肖像」
(国立国会図書館)

●第二次長州戦争
薩摩藩が幕府の出兵のよびかけをこばむ。幕府軍は近代的な武器をもつ長州藩に各地で敗北。14代将軍・家茂の死をきっかけに休戦した。

39

◆15代将軍の徳川慶喜が政権を返還

第二次長州戦争で長州藩に敗戦を重ねた幕府は威信をうしない、15代将軍となった徳川慶喜は、1867年、土佐藩のすすめで朝廷に政権を返還しました。この大政奉還により、約260年つづいた江戸幕府はほろびました。

徳川氏など旧幕府の勢力は、大政奉還後も権力を握りつづけようとしました。そのため薩摩藩の大久保利通や西郷隆盛、公家(貴族)の岩倉具視などが朝廷にはたらきかけ、天皇を中心とした新政府の設立を宣言する王政復古の大号令が出されました。また、徳川氏にはきびしい処分を下し、権力を取り上げることが決められました。

1868年には、新政府の方針に不満をもつ旧幕府軍と新政府軍のあいだで戊辰戦争がおこりました。新政府軍は京都の鳥羽・伏見で旧幕府軍をやぶるなど勝利を重ね、最後は箱館(現在の北海道函館市)の五稜郭で旧幕府軍を降伏させて国内を統一しました。

大政奉還と新しい政権の設立

徳川慶喜の大政奉還を受け、倒幕派は王政復古の大号令をだし、徳川氏の影響力をのぞこうとした。

1867年10月3日
前土佐藩主・山内豊信が慶喜に大政奉還をすすめる
土佐藩士・後藤象二郎は、坂本龍馬の意見を取り入れ、山内豊信に政権を天皇に返す大政奉還を説いた。公武合体(➡P.37)の立場をとる豊信はそれを受けいれ、徳川慶喜に大政奉還をすすめた。

10月14日 大政奉還
慶喜が朝廷に政権を返すことを宣言し、朝廷に上表(天皇への文書)を提出。徳川氏を中心に、雄藩(強い勢力をもつ藩、➡1巻)による話し合いで政治をおこなう体制を望んだ。

12月9日
王政復古の大号令が出される
薩摩藩と長州藩は、岩倉具視らと協力して倒幕運動(➡P.38)をつづけていた。大政奉還後、西郷隆盛や岩倉具視らは、徳川氏が新しい政権で強い力をもてないよう、朝廷にはたらきかけて天皇の名で王政復古の大号令を発表した。

宣言されたこと
・天皇を中心とする新しい政権を立てる。
・将軍や摂政・関白を廃止し、新しく総裁、議定、参与の三職をおく。

12月9日の夜
小御所会議がおこなわれる
御所(天皇のすまい)の一角で、徳川慶喜への処分が議論された。倒幕派の岩倉具視や大久保利通らが意見を押しとおし、慶喜へのきびしい処分が決まった。

決まったこと
・慶喜は新しい政権であたえられた官職を辞退し、領地の一部を天皇に返す(辞官納地)。

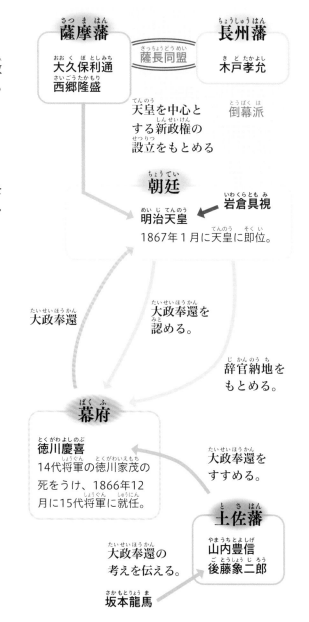

薩摩藩
大久保利通
西郷隆盛

薩長同盟

長州藩
木戸孝允

倒幕派

天皇を中心とする新政権の設立をもとめる

朝廷
明治天皇
1867年1月に天皇に即位。

岩倉具視

大政奉還

大政奉還を認める。

辞官納地をもとめる。

幕府
徳川慶喜
14代将軍の徳川家茂の死をうけ、1866年12月に15代将軍に就任。

大政奉還をすすめる。

土佐藩
山内豊信
後藤象二郎

大政奉還の考えを伝える。

坂本龍馬

戊辰戦争による国内の統一

鳥羽・伏見の戦いをきっかけに、新政府軍と旧幕府軍とのあいだで戊辰戦争がおこった。徳川慶喜が旧幕府軍をはなれ、明治天皇が即位したのちも旧幕府軍は抵抗をつづけたが、1869年に降伏し、国内は統一された。

戊辰戦争のおもな戦い

❶鳥羽・伏見の戦い（1868年1月）

徳川慶喜に対する小御所会議での処分などに反発した旧幕府軍は、大坂から天皇のいる京都へ大軍を向かわせた。新政府軍は官軍（天皇に認められた正式な朝廷の軍）として京都の鳥羽・伏見で迎え撃ち、旧幕府軍をやぶった。大坂城にいた慶喜は江戸へ船で逃れた。

▲明治時代にえがかれた鳥羽・伏見の戦いのようす。新政府軍が近代的な武器で旧幕府軍に大勝した。

歌川国広 画「毛理嶋山官軍大勝利之図」山口県立山口博物館 蔵

❷江戸無血開城（4月）

新政府が慶喜を討ち取る命令を出したため、慶喜は上野の寛永寺にしりぞき、朝廷の命令にしたがうことを伝えた。旧幕府側の勝海舟と新政府側の西郷隆盛の会見により江戸城は明けわたされた。

勝海舟（1823〜1899年）
江戸生まれの幕臣、政治家。蘭学（西洋の知識や技術を学ぶ学問）や航海術を学び、1860年には太平洋を横断してアメリカ合衆国へ渡った。明治時代に入ってからは、新政府の要職についた。

「近代日本人の肖像」（国立国会図書館）

奥羽越列藩同盟結成（5月）

新政府は東北地方の藩に、旧幕府について戦った会津藩（福島県）や庄内藩（山形県）をうち滅ぼすよう命令した。反発した陸奥国、出羽国、越後国の30あまりの藩は、仙台藩（宮城県）や米沢藩（山形県）を中心に同盟をむすび、協力して新政府軍に対抗することを約束した。

地図の見方

→ 新政府軍のおもな進路
→ 旧幕府軍のおもな退路
○ 奥羽越列藩同盟のおもな藩

箱館
青森
弘前
秋田
盛岡
宮古
庄内
仙台
米沢
長岡
会津
高田
白河
福井
下諏訪
江戸
名古屋
駿府
京都
大坂

0　　　　　200km

❸上野戦争（5月15日）

江戸無血開城に不満をもつ旧幕臣たちが彰義隊を結成。上野の寛永寺で新政府軍と戦ったが1日で壊滅させられた。

❹長岡城の戦い（5月〜7月）

長岡藩（新潟県）は新政府と旧幕府のどちらにも味方しないという中立をたもっていたが、新政府軍に停戦を拒否され、奥羽越列藩同盟に加わり開戦。はげしい戦闘の末、長岡藩がやぶれた。

❺会津の戦い（8月〜9月）

長岡藩がやぶれ、多くの藩が奥羽越列藩同盟をぬけるなか、新政府軍は会津藩へと攻め込んだ。会津藩ははげしく抵抗したが、仙台藩や米沢藩が降伏した後、会津藩も降伏した。

❻五稜郭の戦い（箱館戦争、1869年5月）

旧幕府軍をひきいる榎本武揚は、箱館へのがれて蝦夷地を占領。新しい政府をつくろうとしたが、新政府軍にやぶれ、戊辰戦争が終結した。

東京書籍「新編 新しい社会 歴史」「戊辰戦争」などをもとに作成

幕藩体制から近代国家へ

第3章｜外国の接近と開国

江戸幕府と藩を中心とする幕藩体制(→１巻)は、江戸幕府の滅亡とともになくなり、新しい政府によって近代的な社会や政治、経済のしくみがととのえられていきました。

◆新しい政府による政治

1868年、新政府は、政治を人々の話し合いによって決めること、知識を世界にもとめることなど、新しい政治の方針を五箇条の御誓文として発表しました。江戸は東京に、元号は明治に改められ、政治や産業などの変革がおこりました。 →P.45 ⑤五箇条の御誓文

まず、政府が全国を直接おさめることができるよう、1871年に藩を廃止し、新しく県や府を置いて明治政府が派遣した役人に政治をまかせる廃藩置県がおこなわれました。新政府の要職には、大久保利通や木戸孝允など、倒幕運動の中心だった人々がつきました。新政府は日本をヨーロッパの国々やアメリカ合衆国に対抗できる国にするため、産業を発展させ、強い軍隊を育てる富国強兵の方針をかかげました。

大久保や木戸は、幕府が外国とむすんだ不平等条約の撤廃をめざす岩倉使節団の一員として、ヨーロッパやアメリカ合衆国に派遣されました。不平等条約は撤廃できませんでしたが、近代的な制度や技術を取り入れ、法の整備や殖産興業を進めていきました。 →④巻

廃藩置県

1869年、明治政府は権力を政府に集めるため、各藩に領地や領地に住む人を朝廷に返還する版籍奉還を命じた。しかしもとの藩主が引き続き藩の政治を担当したため、改革は進まなかった。そこで政府は1871年に廃藩置県をおこない、藩主にかわって府には知事が、県には県令が中央政府から派遣された。

地図の見方

- - - 府県界
青森 府県名
━━━ 旧国境
陸奥 旧国名

▲1871年11月時点の府県。１使(開拓使)３府(東京、京都、大阪)72県あった。蝦夷地には1869年７月に蝦夷地の開拓と経営をおこなう官庁、開拓使が設置され、同年８月に北海道へと名前が改められた。琉球王国には1872年に琉球藩が設置されたのち、1879年に強制的に沖縄県が設置された(琉球処分)。

薩長土肥を中心とする新政府

明治政府でおもな役職についたのは、ほとんどが倒幕運動で中心的な役割を果たした薩摩藩、長州藩、土佐藩、肥前藩の出身者だった。

新政府の組織図（1871年8月10日時点）

中村哲『日本の歴史16 明治維新』（集英社、1992年）「中央政府の構成」をもとに作成。
＊（ ）内は1871年中に就任。
―― は空席。

太政官

左院
- 議長（土）後藤象二郎
- 副議長（肥）江藤新平

正院
- 太政大臣（公）三条実美
- 左大臣 ――
- 右大臣 （（公）岩倉具視）
- 参議（長）木戸孝允
- （薩）西郷隆盛
- （土）板垣退助
- （肥）大隈重信

神祇省（儀式や祭り）
- 卿 ――
- 大輔（津和野）福羽美静

外務省（外交）
- 卿（公）岩倉具視
- 大輔（薩）寺島宗則

大蔵省（財政）
- 卿（薩）大久保利通
- 大輔（長）井上馨

兵部省（軍事）
- 卿 ――
- 大輔（長）山県有朋

文部省（教育や学問、芸術）
- 卿（肥）大木喬任
- 大輔 ――

工部省（鉱業や工業、交通）
- 卿 ――
- 大輔（土）後藤象二郎

右院

司法省（法律や警察）
- 卿 ――
- 大輔（土）佐々木高行

宮内省（皇室にかかわる事務）
- 卿（（公）徳大寺実則）
- 大輔（公）万里小路博房

開拓使（北海道の開拓と経営）
- 長官（公）東久世通禧
- 次官（薩）黒田清隆

薩：薩摩藩出身　肥：肥前藩出身
長：長州藩出身　公：公家出身
土：土佐藩出身　津和野：津和野藩出身

太政官は明治政府の最高官庁として1868年に設置された。組織はたびたび変更され、1871年8月時点では正院と、正院の立法を補助する左院、行政を補助する右院からなっていた。

岩倉使節団

岩倉具視を特命全権大使とする岩倉使節団は、木戸孝允や大久保利通など、新政府の中心となる人々も加わった大使節団で、その後の政府の方針に大きな影響をあたえた。➡P.45 ⑥岩倉使節団のおもな訪問先

期間	人数	正式訪問した国の数
約1年10か月	**約100人**	**12か国**
使節団は船で横浜を1871年11月12日に出発し、1873年9月13日に帰国した。	書記官や留学生をふくむ。岩倉具視や木戸孝允をはじめ、新政府で要職についた人々の多くが参加したほか、津田梅子など約50名の留学生が同行した。	アメリカ合衆国、イギリス、フランス、ベルギー、オランダ、ドイツ、ロシア、デンマーク、スウェーデン、イタリア、オーストリア、スイス。

山口尚芳（1839〜1894年）
肥前藩出身の政治家。帰国後は元老院議官など国の要職についた。

岩倉具視（1825〜1883年）
公家出身の政治家。使節団の代表。日本初の近代的な憲法である大日本帝国憲法の基礎をつくるなど、日本の近代化を進めた。

伊藤博文（1841〜1909年）
長州藩出身の政治家。日本初の内閣総理大臣となる。大日本帝国憲法の制定や、帝国議会の開設に取り組んだ。

木戸孝允（1833〜1877年）
長州藩出身の政治家。吉田松陰（➡P.37）の門下生。尊王攘夷運動の指導者だったが、薩長同盟をむすび、倒幕の中心となった。五箇条の御誓文の作成にも参加した。

大久保利通（1830〜1878年）
薩摩藩出身の政治家。木戸孝允らと協力して版籍奉還や廃藩置県を進めて新政府の基礎を築いた。

「特命全権岩倉使節一行」山口県文書館 蔵

津田梅子（1864〜1929年）
江戸生まれ。岩倉使節団の一員として7歳でアメリカ合衆国に渡り、留学。女子英学塾（のちの津田塾大学）を創立し、英語の教育を通じて女性の社会進出を後押しした。
「近代日本人の肖像」（国立国会図書館）

＊1特命全権大使…国家を代表して外交の交渉や条約の調印などをおこなう使節団の長。

データや図表で見る江戸時代

5巻であつかった内容とかかわりの深いデータや図表を紹介しています。本編の内容も参考にしながら、それぞれのデータや図表を読み解いてみましょう。

①江戸幕府が開かれたころのキリスト教徒の人口

当時の宣教師の記録などをもとに、国内のキリスト教徒の人口を推定したもの。この推定にもとづくと、江戸幕府が開かれたころには、国内におよそ30万人のキリスト教徒がいた。

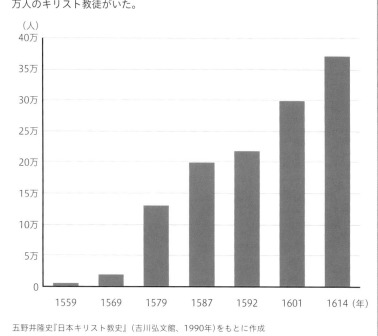

五野井隆史『日本キリスト教史』（吉川弘文館、1990年）をもとに作成

②慶賀使・謝恩使の一覧

1634年の謝恩使をはじめとして、江戸時代を通じて琉球王国から18回使節が派遣された。

年	将軍	慶賀使	謝恩使
1634	3代・家光		○
1644		○	○
1649			○
1653	4代・家綱	○	
1671			○
1682	5代・綱吉	○	
1710	6代・家宣	○	
1714	7代・家継	○	
1718	8代・吉宗	○	
1748	9代・家重	○	
1752			○
1764	10代・家治	○	
1790		○	
1796	11代・家斉		○
1806			○
1832			○
1842	12代・家慶	○	
1850			○

③開港後の貿易額と貿易相手国

横浜港の貿易額（輸出入の合計金額）をもとに、国別の割合を示したもの。金額は5年間で6倍以上に増えている。日本を開国させたアメリカ合衆国では1861年から南北戦争（➡P.29）がはじまり、日本との貿易額は減っていった。

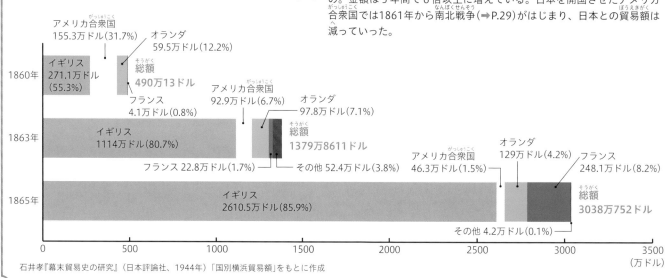

石井孝『幕末貿易史の研究』（日本評論社、1944年）「国別横浜貿易額」をもとに作成

④幕末の物価(ものの価格)の変化

P.35のグラフに、白木綿(染色していない綿布)と秩父絹(秩父(現在の埼玉県秩父地方)で生産された絹)、茶の項目を加えたもの。1854年の価格を100とした値を示している。1868年には、どの品目も1854年のおよそ5〜6倍に値上がりしている。

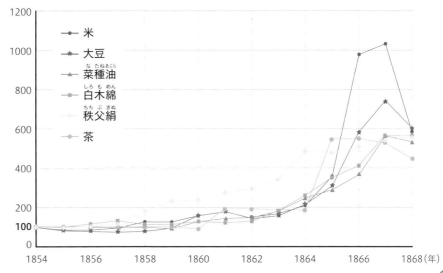

米
大豆
菜種油
白木綿
秩父絹
茶

三和良一・原朗 編『近現代日本経済史要覧』(東京大学出版会、2007年)「安政以後における主要商品の価格(大阪)」をもとに作成
＊1855年の菜種油、1861年の米はデータなし。

⑤五箇条の御誓文

1868年に出された、明治政府の基本的な政治の方針。天皇が神々に誓うというかたちで発表され、新しい政権の中心が天皇であることをしめした。

一. 広く会議を興し、万機❶公論❷に決すべし

一. 上下❸心を一にして、盛に経綸❹を行ふべし

一. 官武❺一途❻庶民に至る迄、各其志を遂げ、人心をして倦ざらしめん❼ことを要す

一. 旧来の陋習❽を破り天地の公道❾に基くべし

一. 智識を世界に求め大に皇基❿を振起⓫すべし

❶万機…政治に関する、さまざまな重要なことがら。
❷公論…人々の意見。
❸上下…身分が上の者と下の者。
❹経綸…国の秩序をととのえ、治めること。
❺官武…公卿(朝廷につかえる貴族)と武家。また、文官(事務を担当する官僚)と武官(軍事を担当する官僚)。
❻一途…ひとつにまとまること。
❼倦ざらしめん…いやになったり、やる気を失ったりさせない。
❽陋習…悪い習慣。
❾天地の公道…すべてのものごとに共通する、公正なきまり。
❿皇基…天皇が治める国の基礎。
⓫振起…さかんにすること。

⑥岩倉使節団のおもな訪問先

訪問先	内容
政府や公の機関・施設	国会議事堂、市役所、郵便局、銀行、造幣局、証券取引所、裁判所、特許庁、消防署、牢獄、国立天文台など
工場・会社	蒸気機関車、船、紡績機械、天然ゴム、ガラス、衣服、織物、靴、時計、陶器、香水、ビスケット、チョコレート、チーズなどの工場、ガス会社、電信会社、印刷所など
軍事施設	海軍兵学校、陸軍士官学校、軍艦や大砲の工場など
社会福祉施設	病院、高齢者施設、児童養護施設、障がい者施設など
学校	小学校、女学校(女子校)、商業学校、大学など
文化施設	美術館、博物館、劇場、図書館、動物園、水族室、植物園など
名所・史跡	ナイアガラの滝(アメリカ合衆国)、ヴェルサイユ宮殿(フランス)、ポンペイ遺跡(イタリア)など
行事	黒人解放記念日のパレード(アメリカ合衆国)、ウィーン万国博覧会(オーストリア)など
人	ヴィクトリア女王(イギリス)、ビスマルク(外相、ドイツ)など

国立公文書館 アジア歴史資料センター「明治150年 インターネット特別展 岩倉使節団 〜海を越えた150人の軌跡〜」
(https://www.jacar.go.jp/iwakura/)「使節団行程年表」をもとに作成

さくいん

ここでは、この本に出てくる重要なことばを50音順にならべ、そのことばについてくわしく説明しているページをのせています。

監修：小酒井大悟

1977年、新潟県生まれ。2008年、一橋大学大学院社会学研究科博士後期課程修了。博士（社会学）。2022年3月現在、東京都江戸東京博物館学芸員。専門は日本近世史。著書に『近世前期の土豪と地域社会』（清文堂出版、2018年）がある。

◆装丁・本文デザイン・DTP
五十嵐直樹・吉川層通・安田美津子
（株式会社ダイアートプランニング）

◆指導
由井薗健（筑波大学附属小学校）
関谷文宏（筑波大学附属中学校）

◆イラスト
佐藤真理子

◆図版
坂川由美香（AD・CHIAKI）

◆校正
有限会社一梓堂

◆編集・制作
株式会社童夢

取材協力・写真提供

秋田県立近代美術館／朝倉市秋月博物館／（一社）長崎県観光連盟／一般社団法人津市観光協会／茨城県立図書館／浦添市美術館／大橋弘一写真事務所(有)ナチュラリー／株式会社山崎帝國堂／株式会社 ユーワールド／九州国立博物館／群馬県蚕糸技術センター／群馬県立文書館／公益財団法人 アイヌ民族文化財団／国営沖縄記念公園(首里城公園)／国際日本文化研究センター／国立劇場おきなわ／国立公文書館／国立歴史民俗博物館／佐賀県立九州陶磁文化館／札幌市アイヌ文化交流センター／静岡浅間神社／市立函館博物館／新宮町立歴史資料館／住友史料館／仙台市博物館／大谿山 豪徳寺／田原市博物館／たばこと塩の博物館／東京大学史料編纂所／東京都立中央図書館特別文庫室／苫小牧市美術博物館／長崎県対馬歴史研究センター／長崎市／長崎歴史文化博物館／那覇市／日本銀行金融研究所貨幣博物館／函館市公式観光情報サイト「はこぶら」／平取町立二風谷アイヌ文化博物館／福井市立郷土歴史博物館／福山市鞆の浦歴史民俗資料館／芳洲会／Maito Design Works／山口県文書館／山口県立山口博物館／山﨑信一／横須賀市

写真協力

株式会社フォトライブラリー／国立国会図書館デジタルコレクション／ピクスタ株式会社／ColBase (https://colbase.nich.go.jp)／Rijksmuseum Amsterdam／Smithsonian Museum／The Metropolitan Museum of Art

江戸時代大百科 ⑤ 江戸時代の外交と貿易

あそびをもっと、
まなびをもっと。

こどもっとラボ

発行	2022年4月 第1刷
監修	小酒井大悟
発行者	千葉 均
編集者	崎山貴弘
発行所	株式会社ポプラ社
	〒102-8519 東京都千代田区麹町4-2-6
ホームページ	www.poplar.co.jp（ポプラ社）
	kodomottolab.poplar.co.jp（こどもっとラボ）
印刷・製本	大日本印刷株式会社

©POPLAR Publishing Co.,Ltd. 2022
ISBN 978-4-591-17287-2 ／ N.D.C. 210 ／ 47p ／ 29cm Printed in Japan

江戸時代大百科

全6巻

セットN.D.C.210

監修：東京都江戸東京博物館 学芸員　小酒井大悟

◆社会科で学習する江戸幕府の支配体制や江戸時代の人々のくらし、文化などの内容に対応しています。

◆伝統工芸や伝統芸能など、江戸時代とかかわりの深い伝統的な文化についても知ることができます。

◆交通や産業、文化など、1巻ごとにテーマをもうけているため、興味のある内容をすぐに調べることができます。

◆多くの図表やグラフ、当時えがかれた錦絵などを活用し、具体的な数字やイメージをもとに解説しています。

小学校高学年から　Ａ４変型判／各47ページ
図書館用特別堅牢製本図書

江戸時代の
おもなできごと

この年表では、江戸時代におこったおもなできごとを紹介します。★は文化にかかわるできごとです。

将軍	年	おもなできごと
	1600	●オランダ船リーフデ号、豊後に漂着。乗組員だったイギリス人ウィリアム・アダムズとオランダ人ヤン・ヨーステンが家康に面会。 ●関ヶ原の戦いで徳川家康ひきいる東軍が西軍をやぶる。
家康	1603	●徳川家康が征夷大将軍となり、江戸幕府を開く。 ★出雲阿国が京都でかぶき踊りをはじめる。
	1604	●幕府が糸割符制度を定める。
	1605	●家康が征夷大将軍を辞任し、徳川秀忠が2代将軍になる。
	1607	●朝鮮の使節が日本を訪れる。 ●角倉了以が富士川の水路を開く。
	1609	●薩摩藩の島津家が琉球王国を征服。 ●対馬藩の宗家が朝鮮と己酉約条をむすぶ。 ●オランダが平戸に商館を設置。
	1610	●家康がメキシコへ使節を派遣する。
	1612	●幕府が直轄領にキリスト教を禁止する禁教令を出す。
秀忠	1613	●仙台藩の藩主・伊達政宗が慶長遣欧使節をヨーロッパに派遣。 ●幕府が全国に禁教令を出す。
	1614	●大坂冬の陣。
	1615	●家康が大坂夏の陣で豊臣家をほろぼす。 ●幕府が一国一城令を定める。 ●幕府が武家諸法度と禁中並公家諸法度を定める。
	1616	●家康死去。 ●幕府がヨーロッパの商船の来航を平戸と長崎に限定する。
	1617	★日光東照宮造営。
	1624	●幕府がスペイン船の来航を禁止。
	1629	●紫衣事件がおこる。
家光	1631	●幕府が奉書をもつ船以外の海外渡航を禁止する。
	1635	●幕府が外国船の入港を長崎に限定し、日本人の海外渡航・帰国を禁止する。 ●幕府が武家諸法度を改訂し、参勤交代の制度を確立させる。
	1636	●長崎に出島が完成。
	1637	●島原・天草一揆がおこる(～1638)。
家光	1639	●幕府がポルトガル人の来航を禁止。
	1641	●幕府がオランダ商館を平戸から長崎の出島に移転させる。
	1643	●幕府が田畑永代売買禁止令を出す。
	1651	●幕府が末期養子の禁を緩和。
	1657	●江戸で明暦の大火がおこる。 ★徳川光圀が『大日本史』の編さんに着手。
家綱	1669	●蝦夷地でシャクシャインの戦いがおこる。
	1671	●河村瑞賢が東廻り航路を開く。
	1673	●三井高利が江戸で呉服店、三井越後屋を開業。
	1684	★渋川春海が天文方に任命される。
	1685	●徳川綱吉が最初の生類憐みの令を出す。
	1688	★井原西鶴『日本永代蔵』刊行。
	1689	★松尾芭蕉が『おくのほそ道』の旅に出発。
綱吉	1694	●江戸で十組問屋が成立。
	1695	●荻原重秀の意見により金銀貨幣を改鋳。
	1697	★宮崎安貞『農業全書』刊行。
	1702	●赤穂事件がおこる。
	1703	★近松門左衛門『曽根崎心中』初演。
家宣	1709	●綱吉死去。徳川家宣が6代将軍となり、間部詮房と新井白石が登用される(正徳の治)。生類憐みの令を廃止。 ★貝原益軒『大和本草』刊行。
家継	1715	●幕府が海舶互市新令(長崎新令)を定める。
	1716	●徳川吉宗が8代将軍となり、享保の改革がはじまる。
	1720	●江戸に町火消「いろは47組(のち48組)」設置。
	1721	●幕府が目安箱を設置。 ●幕府が小石川薬園を設置。
吉宗	1722	●幕府が上米の制を定める。 ●幕府が小石川薬園内に養生所を設置。
	1723	●幕府が足高の制を定める。
	1732	●享保の飢饉がおこる。
	1742	●公事方御定書が完成。
家重	1758	●宝暦事件がおこる。
	1767	●田沼意次が側用人となる。 ●米沢藩の藩主・上杉治憲(鷹山)が藩政改革をはじめる。
家治	1774	★杉田玄白・前野良沢ら『解体新書』刊行。
	1776	★上田秋成『雨月物語』刊行。
	1779	★塙保己一『群書類従』の編さんに着手。